基于科研关系网络的高校科研管理研究·

刘玉琴 著

知识产权出版社

全国百佳图书出版单位

图书在版编目（CIP）数据

基于科研关系网络的高校科研管理研究 / 刘玉琴著 . —北京：知识产权出版社，2018.6
（2019.7重印）

ISBN 978-7-5130-5589-5

Ⅰ. ①基… Ⅱ. ①刘… Ⅲ. ①高等学校－科研管理－研究 Ⅳ. ①G644

中国版本图书馆CIP数据核字（2018）第099859号

内容提要

本书研究科研关系网络构建方法、可视化技术以及科研关系网络构建系统工具，并开展实
证应用，力求建立一个通用的科研主体识别、科研关系网络构建、可视化输出的全流程化解决
方案。

责任编辑：李　娟　　　　　　　　　　　　　　责任印制：孙婷婷

基于科研关系网络的高校科研管理研究
JIYU KEYAN GUANXI WANGLUO DE GAOXIAO KEYAN GUANLI YANJIU

刘玉琴　著

出版发行：知识产权出版社有限责任公司	网　址：http://www.ipph.cn
电　话：010-82004826	http://www.laichushu.com
社　址：北京市海淀区气象路50号院	邮　编：100081
责编电话：010-82000860转8689	责编邮箱：lijuan1@cnipr.com
发行电话：010-82000860转8101	发行传真：010-82000893
印　刷：北京九州迅驰传媒文化有限公司	经　销：各大网上书店、新华书店及相关专业书店
开　本：720mm×1000mm　1/16	印　张：11
版　次：2018年6月第1版	印　次：2019年7月第2次印刷
字　数：180千字	定　价：58.00元

ISBN 978-7-5130-5589-5

前　　言

当今世界科学技术迅猛发展，科技领域已进入"大科技"时代，科研难度日趋加大，学科间渗透交叉，科研主体之间协作竞争，学术资源呈爆炸式增长。这些对于科研人员提出了新的挑战，即在日新月异的海量学术信息中如何迅速提取有价值的信息并尽快做出反应。从信息可视化的角度研究海量数据中潜在的科研关系，从整体上动态地关注科研主体、科研热点的研究进展及相互之间的推动、促进、依存、演化关系，不仅有利于国家科技发展战略的制定、科研机构的科技管理，科研个人研究能力的提升，还有助于科研资源的整合与管理，丰富学术信息服务商、服务机构的服务内容与方式。因此，传统的对于科研个体的静态的关注，已不能适应科技快速发展的需求，采用科研关系的方式来研究结构复杂的大科学系统已是科学学、文献计量学、情报学研究的主要趋势。

本书设计实现自主的科研关系网络可视化工具，从科研关系网络构建、可视化表示、系统设计三个角度分层次进行，在构建科研合作关系网络、共词关系网络、引证关系网络、关联关系网络等经典科研关系网络基础上，设计科研主体与科研内容之间的关联关系构建，并对构建结果进行可视化表示。进而，设计开发科研关系网络可视化分析工具，实现科研资源的清洗、科研关系的构建、科研关系网络可视化表示的全流程化解决方案，弥补国内在科研关系网络可视化工具研发方面的不足，为国内用户尤其是科研服务机构、科研管理机构提供更多的选择，从而一定程度降低对国外软件工具的依赖，减轻国外研究机构或工具服务商在科技文献的文本挖掘与可视化技术、软件工具的价格、知识产权、技术出口限制等方面对国内用户的限制。最后，基于科研关系网络理论、方法、技术和工具，进行高校科研管理的实证应用研究，包括基于科研关系网络的高校科研机会分析、基于科研关系网络的高校科研评价、基于科研关系网络的高校专利成果分析。

目　　录

1 科研关系研究现状

1.1 科研关系网络构建研究现状

对于科研关系的分析与挖掘，国内外有大量的科技文献从科研主体的科研合作关系、文献的共词关系、引证关系、科研主体/科研内容的关联关系、科研主体与科研内容之间的关联关系展开研究，以下分别就这几方面的国内外研究现状进行归纳总结。

（1）科研合作分析研究现状。

在科研合作研究方面，美国学者 Beaver D deB 于 1978 年 9 月在《科学计量学》发表了《科学合作研究》的论文[1]，首次对科学合作进行了全面的理论研究，通过科学论文合作的文献计量学方法论证了科学合作研究的客观存在。自从该文发表以来，国内外许多学者分别从国际科技合作与科研生产率的关系、科技合作的主体和收益、科技合作的社会关系和社会网络关系、政治和经济的变化对国际科技合作的影响、多国国际科技合作比较研究等方面对科技合作进行了研究[2]。国外学者如 Glänzel W[3]、Newman M[4]、Miquel J F[5]等采用文献计量学及社会网络分析方法，以科学家个体合作、机构合作及国家合作为研究对象，分析了科研合作网络的结构及属性。国内学者如陈悦[6]、姜春林[7]等对管理科学领域作者合作率、合作作者年龄、合作地域分布等进行了计量研究；李亮[8]、刘则渊[9]介绍目前国际复杂网络分析方法及其在合作研究中的应用；赵焕芳[10]、侯海燕[11]、刘盛博[12]等采用信息可视化方法对科研合作网络进行可视化研究，从微观角度对科研个体及合作网络进行计量分析。

（2）共词分析研究现状。

共词分析也是文献计量学中常用的研究方法[13]。所谓共词，是指两个或更多的关键词在一篇文档中同时出现。其方法基础来源于观点——关键词的同现描述了文件中文档的内容，它通过描述文档集中词与词之间的关联与结合，更好地反映了概念之间的关系，从而可以揭示某一科技领域研究内容的内在相关性和学科领域的微观结构，通过网络分析还可以展示科技发展动态和趋势[14]。共词分析试图直接从文本内容中抽取科学技术主题和发现这些主题间的关系，而不是依赖于先前定义的科学技术研究主题。

共词分析最早被详细描述是在20世纪70年代中后期，在其发展过程中法国文献计量学家Callon M、Law J和Rip A等对该方法的研究起了关键性的作用[15]。目前，共词分析方法的主要研究内容集中在指标分析、聚类分析和数据可视化上。如Bauin S提出的包容性指标、临近性指标，Callon M提出的包容图、临近图[16]，以及Law J提出的战略坐标图[17]。国内关于共词分析的研究发展迅速，相关文献较多，一方面从该方法的理论、过程、进展展开探讨[18][19][20][21]，另一方面已经将该方法在生物、医药、教育、信息、情报领域进行广泛的应用[15][22][23][24][25][26]。

（3）引证分析研究现状。

在引证分析研究方面，苑彬成阐述了引证分析是利用各种数学统计学以及逻辑方法对科技期刊、论文、著作等各种分析对象的引用或被引用现象进行分析研究，以便揭示其数量特征和内在规律，达到评价预测科学发展趋势的目的[27]。引文索引和引证分析在20世纪以来得到越来越多的关注，其关注研究对象或热点集中在引证网络、自引与自引率、共引分析、影响因子等方面。国外学者如Davenport E将引证看作代表信赖的原型[28]。他们认为在虚拟环境中，引证实际上代表了引用者对被引用者的一种信赖，因此引证网络系统可以被看成信赖系统，引文索引则可以被看成一个推荐系统，推荐被引次数多的文章。Fang Y等将引证关系看成网格，这些网格对应的文献耦合与共引文献就是网格系统的基本结构[29]。Meister C等认为研究专利引证网络，可以分析出其中知识流动和技术扩散的路径[30][31][32]。Nerur S等人在期刊引证网络中分析了个别期刊在局部的相对影响力[33][34]。除此之外，还有学者专门研究引证网络的结构，有的侧重于挖掘其中的核心文章，有的侧重于进行网络结构的解析，还有的侧重于研究拓扑结构的动态变化及进化。国内学者如柳泉波引入了Google的PageRank算法研究引证网格[35]，熊春茹、武夷山对自引的原则、不当自引的控制等问题进行了探讨[36][37][38]。王建芳、耿海英等概括地介绍了共引分析的起源、分类、发展及国外的应用等诸多方面[23][24]。

（4）关联分析研究现状。

关联分析包括技术关联分析、作者关联分析、机构关联分析、地区关联分析等，它通过对反映文献主题内容的词进行关联性或相异性定量分析，来研究文献内在联系和科学结构的一种方法，其基本出发点是[40]：①科学研究的热点是由一系列在内容上密切相关的研究课题和概念组成的，这些热点是众多科学研究人员注意和跟踪的对象。②热衷或从事于某一科学热点研究的科学家，无论其社会和知识背景如何，在很大程度上对于同一研究课题和概念所使用的词汇是基本一样的。在关联分析研究方面，以美国乔治亚理工学院和我国北京理工大学朱东华教授的研究为代表[40]，该种分析方法已经在国外的文献分析软件Vantage-Point[41]和Thomson Data Analyzer[42]中广泛使用，但在国内的文献分析工具中并不常见。

另一种关联关系的研究方法——多元统计分析中的对应分析法，将样本信息与变量信息统一起来进行样本与变量的关联性分析，可以看作关联分析的一种特例。将该方法在文献计量学中的应用最早为Dore J C的文章[43]，以及科学计量学中Bhattacharya S和Christophe J C的两篇文章[44][45]。作者在2008年将对应分析与文本挖掘结合起来开展了科研主体与技术关键词之间的对应关系研究，之后便鲜有该方法用于科技文献分析的研究。

1.2　科研关系网络可视化研究现状

科研关系网络可视化方法除了简单的坐标图以外，更多的研究集中在社会网络图、主题景观图、技术热力图的可视化方法上。

（1）社会网络图展示。

社会网络指的是社会行动者及其关系的集合。一个社会网络是由多个点（社会行动者）和各点之间的连线（行动者之间的关系）组成的集合。关系可以是有向的，也可以是无向的。同时，社会关系可以表现为多种形式，如人与人之间的朋友关系、上下级关系、科研合作关系等，组织成员之间的沟通关系、国家之间的贸易关系等。由于社会网络与科研关系具有相同的网路特质，因此，被广泛应用于科研关系分析研究中。

社会网络分析常常用可视化网络图的方式表现社会关系，其表现结果比较直观，可以很清晰地观察社会网络的成员及他们之间的关系。在科研关系的可视化分析方面，这种可视化网络图得到广泛的应用。如国外学者Newman M从论文数量分布规律、合作人数分布规律、网络节点的平均距离等方面研究科研合作网络[46][47]。Logan E则通过社会网络分析寻找特定领域的核心作者和知识网络结构[48][49]。Evelien O利用社会网络分析进行文献间的引证关系研究，探寻优秀作者与优秀论文间的关系[50]，并指出引证和同被引网络、合作关系网络等都构成无标度的社会网络，在这些研究中，社会网络分析都具有广泛应用。事实上，除了这种关系明确的科研关系可应用社会网络可视化分析外，基于语义的科研主体之间、科研内容之间的关联分析也是以社会网络可视化的表现形式进行展示，比如前面提到的文献42的关联可视化表示。

在国内，科研关系的社会网络可视化研究也很多，如付允应用社会网络的方法，从小团体、集聚程度和中心性三方面分析作者合作网络[51]。邱均平以《情报学报》、*JASIST*和《光子学报》为例进行了作者合作网络的实证研究[52]。魏瑞斌利用社会网络图进行关键词的网络分析[53]。朱庆华、裴雷、吴晓伟则系统地阐述了社会网络分析在情报学研究中的应用与进展[54][55][56]。

总之，社会网络分析法用于科研关系的可视化展示研究内容较多，且比较成熟。对于方法本身改进的意义不大，值得深入研究的是如何进行网络可视化细节的设置，以便可视化展示的结果能够给使用者提供尽可能丰富的信息。

（2）主题景观图展示。

主题景观图通过类似于地理信息系统中的等高线图实现对科技文本数据的可视化，通过颜色的深浅区别数据的多少以及数据之间的关系。有些文献中也将其称为景观图（Landscape）或主题图（Topic Map），尽管名称和表现形式不完全相同，其基本思想是一致的。

主题景观图的研究从20世纪90年代逐渐开始增多，国外学者Chalmers M和Wise J A关于主题景观图的研究是比较典型的例子，他们分别介绍了主题景观图的实现细节[57][58]。Dodge M则进一步阐释了地理信息系统对科技信息可视化的影响[59]。美国Sandia国家实验室开发的复杂网络分析工具VxInsight是一个影响比较大的主题景观图工具[60][61]，并在科技管理中进行应用[62]。该工具由于美国的对华技术出口限制，被禁止在中国使用。

对于主题景观图的另一个应用主要是在专利分析领域，比较重要的就是汤森路透科技的Aureka专利地图，该地图的可视化效果要比VxInsight更加精细、美观，其应用更加偏向于商业化用户。Aureka专利地图最初由美国Aurigin系统公司设计，并申请了专利保护，目前集成在汤森路透Innovation专利信息服务平台。

国内对于主题景观图的研究主要在专利分析领域，而且研究比较多，仅以"专利地图"为关键字在中国期刊数据库中进行检索得到的题目中含有该关键字的文献就有160多篇。进一步筛选这些文献，发现这些文献的研究多以专利地图的概念介绍、国内外专利地图的技术比较，以及Aureka专利地图的使用、分析结果的解读以及在特定领域中的应用为主[63][64][65][66][67]。国内在方法层面对主题景观图的研究还比较少。

（3）技术热力图展示。

热力图是对自然界的热力成像原理的计算机模拟，通过红、黄、蓝三种颜色的深浅来区别数据的大小，颜色块区别数据的密集程度。热力图最初用来进行商业中用户行为的分析，后由日本野村研究所的学者将其引入情报分析中，形成了技术热力图[68]。相比于社会网络可视化，技术热力图与主题景观图具有相同的优势，即能够处理的节点数量大大增加。因此，在面对海量的技术关键词与科研主体时，使用技术热力图进行词与词之间、主体与主体之间的关系可视化效果更加清晰。

日本野村研究所开发了用于进行日文和英文的技术热力图可视化分析工具True-Teller[69]，但是关于技术热力图的学术论文非常少，在Springer与万方数据知识服务平台中以"热力图"为检索词在论文题目、关键字、摘要中进行检索，均未发现相关文献。可以说，无论是方法上还是应用上，技术热力图的研究目前还不多见，因此值得进一步的研究。

1.3　科研关系网络可视化工具现状

随着信息技术的飞速发展，文本挖掘、信息可视化技术已被广泛应用到学术资源分析领域，众多学术资源分析工具应运而生。在学生关系可视化方面，国内外较为成熟的软件有几十种，从不同角度分别实现了合作、共词、引证、关联等科研关系的挖掘与挖掘结果可视化，主要的分析软件可实现的功能和特点如表1-1所示。依据这些分析工具的规模大小、分析功能和分析数据的类型，本书将其分为三类：A可视化展示工具，B基于语义的可视化分析软件，C在线检索分析服务平台。

表1-1 国内外科研关系网络可视化工具功能比较表

序号	软件名称	所属国家机构或作者	功能类型	分析数据类型	分析方法						主要的可视化输出		
					基本统计	合作分析	共词分析	引证分析	关联分析	对应分析	可视化图形	交互接口	自动报表
1	KNOT	美国 Roger Schvaneveldt	A	结构	—	—	—	—	—	—	网络图	弱	无
2	HistCite	美国 汤森·路透 E.Garfield博士	A	结构	无	无	无	有	无	无	引证图	弱	无
3	UCNET	美国 加州大学	A	结构	有						统计图、网络图	弱	无
4	Pajak	斯洛文尼亚 卢布尔雅那大学	A	结构	—	—	—	—	—	—	网络图、树图	强	无
5	NetDraw	美国 Steve Borgatti，at	A	结构	—	—	—	—	—	—	网络图	强	无
6	Vxinsight	美国 Sandia国家实验室	A	结构	—	—	—	—	—	—	网络图、主题图	强	无
7	CiteSpace	美国 Drexel大学 陈超美	B	结构/非结构	无	有	有	有	无	无	网络图	强	无
8	True-Teller	日本 野村研究所	B	结构/非结构	无	无	有	无	无	无	热力图、网络图	弱	无
9	Vantage-Point（VP）	美国GIT技术政策与评估中心与智能信息服务公司	B	结构/非结构	有	有	有	无	有	无	统计图、矩阵图、网络图	强	有
10	Thomson Data Analyzer（TDA）	美国 汤森·路透	B	结构/非结构	有	有	有	无	有	无	统计图、矩阵图	强	有

续表

序号	软件名称	所属国家机构或作者	功能类型	分析数据类型	分析方法						主要的可视化输出		
					基本统计	合作分析	共词分析	引证分析	关联分析	对应分析	可视化图形	交互接口	自动报表
11	RefViz	美国 汤森·路透	B	结构	无	无	无	有	无	无	星系图、矩阵图	弱	无
12	ClearForest Gnosis	美国 汤森·路透	B	非结构化	无	无	无	无	无	无	列表、矩阵	弱	无
13	OminiViz	英国 Biowisdom	B	结构/非结构	有	有	有	无	无	无	星系图、主题图	强	无
14	TEMIS	美国 TEMIS公司	B	结构/非结构	有	无	无	无	无	无	列表	强	无
15	STN AnaVist	美国 化学协会	B	结构/非结构	有	无	有	无	无	无	统计图、景观图	强	无
16	Quosa	美国 Quosa公司	B	结构/非结构	无	无	无	无	无	无	列表	弱	无
17	高技术监测系统	中国 北京理工大学 朱东华	B	非结构	有	无	无	无	有	无	网络图	弱	有
18	WIPS	韩国 世界知识产权检索株氏会社	C	结构	有	无	无	无	无	无	统计图	弱	无
19	TotalPatent	美国 LexisNexis公司	C	结构	有	无	无	无	无	无	统计图	弱	无
20	Questel Orbit	法国 电信多媒体公司	C	结构/非结构	有	有	有	有	无	无	引证图、网络图	强	无
21	Innography	美国 Dialog公司	C	结构/非结构	有	无	无	无	无	无	统计图	弱	无

续表

序号	软件名称	所属国家机构或作者	功能类型	分析数据类型	分析方法						主要的可视化输出		
					基本统计	合作分析	共词分析	引证分析	关联分析	对应分析	可视化图形	交互接口	自动报表
22	Aureka	美国汤森·路透	C	结构/非结构	有	无	无	有	无	无	地形图、引证树	强	无
23	Delphion	美国汤森·路透	C	结构/非结构	有	无	无	有	无	无	列表、引证树	弱	无
24	Wisdomain	美国Wisdomain	C	结构/非结构	有	无	无	有	无	无	统计图、地形图、引证树	强	无
25	Innovation	美国汤森·路透	C	结构/非结构	有	无	无	有	无	无	地形图、引证图	强	无

（1）可视化展示工具，以美国的UCNET、斯洛文尼亚Pajak为代表，这类工具的分析数据为结构化的图形数据，因此，在分析科技文献数据时需要配合其他挖掘工具使用。其优点在于处理图形数据的性能较高，价格低，甚至免费；缺点则是可视化输出的美观程度较差，在进行科研关系分析时，很少能够单独使用。

（2）基于语义的可视化分析软件，以大连理工陈超美的Citespace[70]，美国的Thomson Data Analyzer[71]、Vantage-Point[72]，日本的True-Teller[73]为代表，这类软件集成了文本分析、数据挖掘、可视化展示于一体，分析的数据以非结构化的文本数据为主，因此，被广泛应用于情报分析领域。其优点在于集成的数据挖掘与可视化技术，分析内容广泛，分析角度全面；其缺点是多数产品价格较高、使用地域范围有限、部分产品有美国的出口限制和知识产权壁垒，而且在中文文本挖掘功能上的支持普遍较弱。

（3）在线检索分析服务平台，以美国的 Thomson Innovation[74]、法国 Questel Orbit[75]为代表，这类信息服务平台，以提供强大的数据服务为核心业务，平台以数据检索为主，兼具数据分析的功能。其优点在于数据资源丰富，检索分析技术都比较高，网络化检索分析方便快捷；缺点则是价格特别昂贵，针对不同用户，采取差别化的价格策略，因此在大学和科研院所中用户较多，企业用户较少。同时，其网络化的服务方式，使其在可视化分析方面的用户交互功能有限。

1.4　国内外相关研究的分析与比较

随着文本挖掘和信息可视化技术在科技文献数据分析中的应用，科研关系分析方法和软件工具都有了较大的提升，但仍存在一些局限。

（1）科研合作关系、共词关系、引证关系等显著的科研关系研究相对成熟，科研主体关联、科研内容关联以及科研主体和科研内容之间的关联关系等潜在的科研关系研究相对要少得多。共词关系、关联关系研究中语义处理以理论探讨为主，应用层面的内容偏少，实践中一般基于单个词或词组进行的，很少考虑到概念及其关系问题，并且在现有的分析软件系统中对中文的支持能力普遍有限。

（2）无论是国内工具还是国外的工具在进行科研关系分析时都很难在一款工具软件中实现合作、共词、引证、关联等科研关系分析方法，科研关系的分析功能相对分散，实际应用中往往需要组合数据处理工具、关系计算工具等多个软件进行使用，有时甚至需要使用者自己动手进行数据处理，因此对使用者的技术水平有一定的要求，一定程度上也束缚了用户的使用。而且现有软件工具的用户交互接口功能大部分较弱，用户很难对可视化的输出结果进行选择性的、个性化的修改。

（3）国内对于科研关系的研究更多偏向于应用性的研究，在科研关系分析方面也多是采用国外的方法和工具进行特定领域的应用分析，很少在方法层面开展工作。特别地，国内相关软件工具较少，且由于价格因素、知识产权问题以及美国的对华技术出口限制政策等一定程度地束缚了国内企事业单位、科研院所、特别是中小企业使用软件工具的能力。因此，设计自主的科研关系软件工具是本书的主要研究内容之一。

2 科研关系网络构建方法

2.1 科研关系网络构建体系

在科研关系的构建研究方面，本书界定科研关系为科研主体合作关系、主题（术语）同现关系、科研主体（年代）引证关系、科研主体关联关系以及科研主体和科研内容的关联关系。其中，科研主体是指从事科学研究的个人、机构、地区和出版物。科研关系网络构建主要考虑科技文献中的作者、机构、省市、国家、期刊、基金、时间、关键词、主题、学科等信息，依据这些信息的组合从各个角度进行科研关系的构建，力图使科研关系的构建形成一个较为全面的关系体系。图 2-1 所示为本书的科研关系网络构建体系。其中，引证关系和关联关系为研究的重点。

2.2 面向贡献力评价的科研合作关系构建

2.2.1 构建思路

随着全球化趋势日益明显和大科学时代的来临，科学技术越来越向综合化和边缘化发展，学科间渗透交叉程度日益扩大，科研难度日趋加大，使科研人员很难单独完成某项课题或论文，科技攻关不仅需要巨额资金投入，还需要研究者群体功能的发挥，新兴技术领域尤其如此。科学技术的进步与发

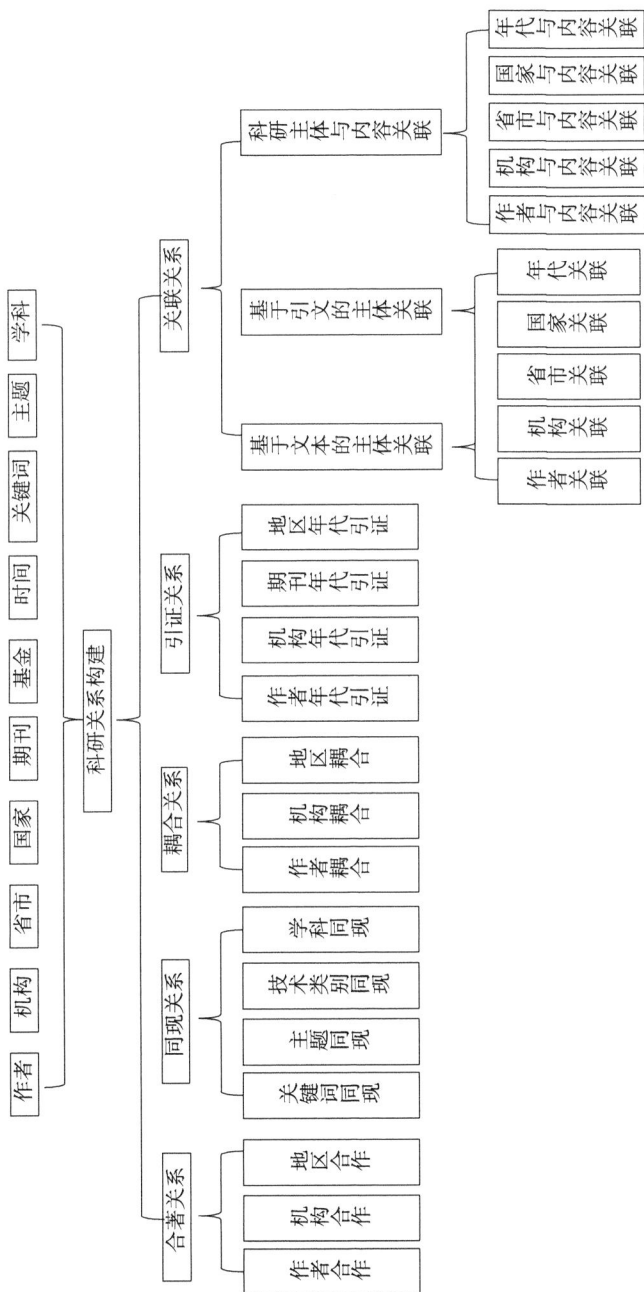

图2-1 科研关系网络构建体系

展促进了科研合作研究的加强与改善。科研合作是科学研究者彼此协作的一种有效方式，为研究者进行智力交流、资源共享提供了前提，是聚个人创造力为群体智慧的有效途径[76]。通过科研上的分工和协作，在一定程度上可以提高科研水平和效率，合作研究已成为一种非常普遍的现象，采用科学合作的方式来研究结构复杂的大科学系统已是科学研究的主要趋势。

在科研合作的研究中，合作研究者不是结构松散的共同体，他们要分享信任与责任，最具体的表现就是他们共同署名发表成果，并共同承担责任。合作研究者具有认识论上的平等地位，并构成一个新的认知主体。这个新的认知主体通过他们的认知成果获得了认识论地位，并使合作研究成为一种认知方式。与科学的专业化和团体化相适应，合作研究作为一种社会现象日益盛行。改善科学劳动组织，增加科研成果数量，提高科学劳动效率，都与科学论文作者分布状况不无关系。可以说，科学论文作者分布的规律是解决上述问题的一个重要出口。因此，对他的评价成为一个值得深入探讨的问题。

在科研合作关系的分析中，目前方法更多地强调了合作者之间的整体关系、合作规律，而忽略了个体的研究能力，在群体中的贡献力等。本书构建面向贡献力评价的科研合作关系对科研主体间的文献合作现象、合作模式、个体的研发能力进行微观的、深入的分析。

2.2.2　构建方法

目前，利用合作研究和共同署名作为"保护伞"，滥用署名权及对他人署名权的侵犯行为也普遍存在，具体表现为：为利于发表或讨好某人，作者主动要求一些没有参加创作的名人或上级署名；为利用名人效应，未经知名专家本人同意而擅自署上其姓名；为完成绩效考核规定的论文发表数量，同行、同事、同学之间相互"搭车"署名；为感谢对创作给予过帮助但未真正参与合作的人，"礼节性"地主动将其列为作者；利用权势和行政地位在他人作品上署名；某些院校或科研单位规定研究生论文必须有导师署名，甚至署名应为"第一作者",等等。这些多作者署名的失范现象和违规行为,可统称"伪合著"[7]。

然而,在情报分析、科研管理领域开展的科研合著分析很少关注"伪合著"现象,一定程度上误导了对于科研人员和科研机构进行科研评价的结果,不能真实反映合著者在合作研究中的贡献。本书在进行科研贡献力评价研究上,充分考虑作者在合作群体中的合作次序、研究内容的相似性,辅助判断合著者在合作研究中的研究地位,从论文排名次序和研究内容等微观的角度,进行合著者科研贡献力的评价,构建面向贡献力评价的科研合作关系。

2.2.3 构建过程

(1)科研主体识别。

首先,对文献集合中的科研主体进行识别抽取,如机构、作者、地区等,识别后的科研主体,利用机构词典、人名词典进行规范化处理,合并相同主体,建立规范后的科研主体与文献的隶属关系矩阵,记录每个科研主体在每个文献中出现的次序。如果同一主体在文献中出现多次,以第一次出现的次序为准。这种情况经常在同一机构的多个作者共同发表论文时出现,为真实反映数据的结果,采用以上处理方法。

假设,文献集合中规范后有 n 个科研主体,m 篇文献,构建科研主体与文献的隶属关系矩阵 $\boldsymbol{A}$ 如下:

$$
\begin{pmatrix}
& D_1 & D_2 & D_3 & \cdots & D_j & \cdots & D_m \\
A_1 & (b_1 \ b_2 \ b_3)_{11} & (b_1 \ b_2 \ b_3)_{12} & (b_1 \ b_2 \ b_3)_{13} & \cdots & (b_1 \ b_2 \ b_3)_{1j} & \cdots & (b_1 \ b_2 \ b_3)_{1m} \\
A_2 & (b_1 \ b_2 \ b_3)_{21} & (b_1 \ b_2 \ b_3)_{22} & (b_1 \ b_2 \ b_3)_{23} & \cdots & (b_1 \ b_2 \ b_3)_{2j} & \cdots & (b_1 \ b_2 \ b_3)_{2m} \\
A_3 & (b_1 \ b_2 \ b_3)_{31} & (b_1 \ b_2 \ b_3)_{32} & (b_1 \ b_2 \ b_3)_{33} & \cdots & (b_1 \ b_2 \ b_3)_{3j} & \cdots & (b_1 \ b_2 \ b_3)_{3m} \\
\vdots & \vdots & \vdots & \vdots & & \vdots & & \vdots \\
A_i & (b_1 \ b_2 \ b_3)_{i1} & (b_1 \ b_2 \ b_3)_{i2} & (b_1 \ b_2 \ b_3)_{i3} & \cdots & (b_1 \ b_2 \ b_3)_{ij} & \cdots & (b_1 \ b_2 \ b_3)_{im} \\
\vdots & \vdots & \vdots & \vdots & & \vdots & & \vdots \\
A_n & (b_1 \ b_2 \ b_3)_{n1} & (b_1 \ b_2 \ b_3)_{n2} & (b_1 \ b_2 \ b_3)_{n3} & \cdots & (b_1 \ b_2 \ b_3)_{nj} & \cdots & (b_1 \ b_2 \ b_3)_{nm}
\end{pmatrix}
$$

其中,$b_i = 1$ 或 $b_i = 0$,$\sum_{i=0}^{i=3} b_i = 1$ 或 $\sum_{i=0}^{i=3} b_i = 0$

$(b_1 \quad b_2 \quad b_3)_{ij} = (1 \quad 0 \quad 0)_{ij}$ 表示科研主体 i 是文献 j 的第一著者。

$(b_1 \quad b_2 \quad b_3)_{ij} = (0 \quad 1 \quad 0)_{ij}$ 表示科研主体 i 是文献 j 的第二著者。

$(b_1 \quad b_2 \quad b_3)_{ij} = (0 \quad 0 \quad 1)_{ij}$ 表示科研主体 i 是文献 j 的第三或第三以后著者。

$(b_1 \quad b_2 \quad b_3)_{ij} = (0 \quad 0 \quad 0)_{ij}$ 表示科研主体 i 不是文献 j 的著者。

（2）计算科研主体合著文献数量和。

其次，计算每个科研主体分别作为第一、二、三及以后合著者的文献数量和，构建数量矩阵。

$$\begin{pmatrix} A_1 & \left(\sum_{j=1}^{m}(b_1)_{1j} & \sum_{j=1}^{m}(b_2)_{1j} & \sum_{j=1}^{m}(b_3)_{1j} \right) \\ A_2 & \left(\sum_{j=1}^{m}(b_1)_{2j} & \sum_{j=1}^{m}(b_2)_{2j} & \sum_{j=1}^{m}(b_3)_{2j} \right) \\ A_3 & \left(\sum_{j=1}^{m}(b_1)_{3j} & \sum_{j=1}^{m}(b_2)_{3j} & \sum_{j=1}^{m}(b_3)_{3j} \right) \\ \vdots & \vdots \\ A_i & \left(\sum_{j=1}^{m}(b_1)_{ij} & \sum_{j=1}^{m}(b_2)_{ij} & \sum_{j=1}^{m}(b_3)_{ij} \right) \\ \vdots & \vdots \\ A_n & \left(\sum_{j=1}^{m}(b_1)_{nj} & \sum_{j=1}^{m}(b_2)_{nj} & \sum_{j=1}^{m}(b_3)_{nj} \right) \end{pmatrix}$$

其中，$\sum_{j=1}^{m}(b_1)_{ij}$　$\sum_{j=1}^{m}(b_2)_{ij}$　$\sum_{j=1}^{m}(b_3)_{ij}$ 分别表示科研主体 i 作为第一、二、三及以后著者的文献数量之和。

（3）抽取科研主体特征词。

然后，按照科研主体特征词的使用频率抽取每个科研主体的指定数量的特征词集合，记录科研主体与其特征词集合的映射关系。

（4）构建合作关系矩阵。

最后，以科研主体与文献的隶属关系矩阵 A，构建科研主体的合作关系

矩阵 AA'。其中，$(b_1 \quad b_2 \quad b_3)_{ij}(b_1 \quad b_2 \quad b_3)_{ij}' = (\sum_{i=0}^{i=3} b_k)_{ij}(\sum_{i=0}^{i=3} b_k)_{ij}'$。

2.2.4 构建示例

选取第三代太阳能电池——染敏太阳能电池（DSSC）技术，SCI论文数据库中包含中国作者的1981—2011年论文数据[78]，共计1368条记录。对这些论文的作者构建合作关系。表2-1所示为发文数量排序前50的作者间的文献合作数量，每个作者分别作为第一、第二、第三及以后合作者的文献数量，对合作数量大于4的进行突出显示。同时，抽取记录每个作者使用频率最多的10个关键词作为其特征词。如作者 Dai，SY，其特征关键词为 dye-sensitized、solar cell、solar cells、dye－sensitized solar cell、electrolyte、electron transport、recombination、redox、dye-sensitization、solar。该作者分别作为第一、第二、第三及以后作者的文献数量分别为5、30、46。以上构建的合作关系表作为下一章科研合作关系可视化示例的数据基础。

2.3 基于文本的科研主体关联关系构建

2.3.1 构建思路

关联分析通过对反映文献主题内容的词进行关联性或相异性的定量分析，关联分析是研究文献内在联系和科学结构的一种方法，其基本出发点是[79]：科学研究的热点是由一系列在内容上密切相关的研究课题和概念组成的，这些热点是众多科学研究人员注意和跟踪的对象。热衷或从事于某一科学热点研究的科学家，无论其社会和知识背景如何，在很大程度上对于同一研究课题和概念，所使用的词汇是基本一样的。

表 2-1　DSSC 技术 SCI 论文中国作者合作关系

1′ 2′ 3 作者文献数	5;30;46	13;40;9	2;0;53	0;5;48	2;13;38	1;10;39	17;6;25	13;10;25
Wang LD	0	0	3	0	0	0	0	0
Li H	0	0	0	0	0	2	0	0
Fang SB	0	0	0	0	0	14	0	0
Wang YH	0	0	13	0	0	0	0	5
Qiu Y	0	0	3	0	0	0	0	0
Huang Y	18	0	0	0	14	0	0	0
Shi CW	14	0	0	0	12	0	0	0
Zhai J	0	0	0	0	0	2	0	0
Wang L	0	0	0	0	0	2	0	0
Yang XC	0	0	0	0	0	0	0	0
Zhang JB	0	0	0	0	0	16	0	0
Jiang L	0	0	0	0	0	0	0	0
……	⋮	⋮	⋮	⋮	⋮	⋮	⋮	⋮
Sun LC	0	0	0	0	0	0	0	0
Hagfeldt A	0	0	0	0	0	0	0	0
Pan X	33	0	0	0	21	0	0	0
Lin H	0	0	0	0	0	0	0	7
Wang KJ	32	0	0	0	23	0	0	0
Huang CH	0	0	0	0	0	0	0	0
Zhou XW	0	0	0	0	0	30	0	0
Xiao XR	0	0	0	0	0	29	0	0
Meng QB	0	0	0	0	0	1	0	0
Huang ML	0	47	0	43	0	0	36	0
Zhang J	0	0	11	0	0	1	0	0
Lan Z	0	47	0	40	0	0	0	0
Lin Y	0	0	0	0	0	0	0	1
Hu LH	51	0	0	0	0	0	0	0
Lin JM	0	53	0	0	0	0	40	0
Wang P	0	0	0	0	0	0	0	11
Wu JH	0	0	0	53	0	0	47	0
Dai SY	0	0	0	0	51	0	0	0
	Dai SY	Wu JH	Wang P	Lin JM	Hu LH	Lin Y	Lan Z	Zhang J

续表

1、2、3作者文献数	1;1;45	1;1;37	0;2;37	0;1;37	0;1;37	1;7;28	0;3;33	5;26;4	2;9;24	0;1;33	⋯
Wang LD	○	○	○	○	○	○	○	○	○	○	⋮
Li H	○	11	○	○	○	○	○	○	○	○	⋮
Fang SB	○	○	10	10	○	○	○	○	○	○	⋮
Wang YH	○	○	○	○	○	○	○	○	○	○	⋮
Qiu Y	○	○	○	○	○	○	○	○	○	○	⋮
Huang Y	○	1	○	○	○	6	○	○	9	○	⋮
Shi CW	○	○	○	○	○	14	○	○	15	○	⋮
Zhai J	○	2	○	○	1	○	○	○	○	○	⋮
Wang L	○	○	○	1	1	○	○	○	2	1	⋮
Yang XC	○	○	○	○	○	○	○	○	16	20	⋮
Zhang JB	○	○	9	20	○	○	○	○	○	○	⋮
Jiang L	○	2	○	○	1	○	○	○	○	○	⋮
……	⋮	⋮	⋮	⋮	⋮	⋮	⋮	⋮	⋮	⋮	⋮
Sun LC	○	○	○	○	○	○	○	○	23	○	⋮
Hagfeldt A	○	○	1	○	○	○	○	○	○	23	⋮
Pan X	○	○	○	○	○	21	○	○	○	○	⋮
Lin H	○	○	○	○	○	○	○	○	○	○	⋮
Wang KJ	○	○	○	○	○	○	○	21	○	○	⋮
Huang CH	○	○	○	○	○	○	○	○	○	○	⋮
Zhou XW	○	○	21	○	○	○	○	○	○	○	⋮
Xiao XR	○	○	○	21	○	○	○	○	1	○	⋮
Meng QB	○	○	○	○	○	○	○	○	○	○	⋮
Huang ML	○	○	○	○	○	○	○	○	○	○	⋮
Zhang J	○	○	○	○	○	○	○	7	○	○	⋮
Lan Z	36	○	○	○	○	○	○	○	○	○	⋮
Lin Y	○	1	29	30	○	○	○	○	○	○	⋮
Hu LH	○	○	○	○	○	23	○	21	○	○	⋮
Lin JM	43	○	○	○	○	○	○	○	○	○	⋮
Wang P	○	○	○	○	○	○	○	○	○	○	⋮
Wu JH	47	○	○	○	○	○	○	○	○	○	⋮
Dai SY	○	○	○	○	○	32	○	33	○	○	⋮
	Huang ML	Meng QB	Xiao XR	Zhou XW	Huang CH	Wang KJ	Lin H	Pan X	Hagfeldt A	Sun LC	……

续表

1´2´3作者文献数	1;7; 17	2;2; 20	2;2; 20	0;1; 22	1;1; 21	0; 18.5	3;4; 15
Wang LD	0	0	0	0	0	0	0
Li H	4	6	0	0	0	0	0
Fang SB	0	0	0	0	6	0	2
Wang YH	0	0	0	0	0	0	0
Qiu Y	0	0	0	0	0	0	0
Huang Y	1	0	0	0	0	0	0
Shi CW	0	0	0	0	0	0	0
Zhai J	0	0	0	19	0	0	0
Wang L	0	0	1	0	0	1	0
Yang XC	0	0	0	0	0	0	1
Zhang JB	0	0	0	0	0	0	0
Jiang L	0	0	0	0	0	0	0
……	⋮	⋮	⋮	⋮	⋮	⋮	⋮
Sun LC	0	0	0	0	0	20	1
Hagfeldt A	0	0	0	0	0	16	2
Pan X	0	0	0	0	0	0	0
Lin H	0	0	0	0	0	0	0
Wang KJ	0	0	0	0	0	0	0
Huang CH	0	0	0	1	0	0	1
Zhou XW	0	0	0	0	20	0	1
Xiao XR	0	0	0	0	9	0	0
Meng QB	25	24	0	2	0	0	0
Huang ML	0	0	0	0	0	0	0
Zhang J	0	0	1	0	0	0	0
Lan Z	0	0	0	0	0	0	0
Lin Y	1	0	0	0	16	0	2
Hu LH	0	0	0	0	0	0	0
Lin JM	0	0	0	0	0	0	0
Wang P	0	0	0	0	0	0	0
Wu JH	0	0	0	0	0	0	0
Dai SY	0	0	0	0	0	0	0
	Luo YH	Li DM	Chen J	Jiang L	Zhang JB	Yang XC	Wang L

续表

1′2′3作者文献数	0; 10; 12	10; 1:11	2:1; 18	0:0; 21	4:2; 15	1:2; 18	3:4; 13	0; 12:8
Wang LD	0	0	0	20	0	0	0	0
Li H	0	0	0	0	0	0	0	0
Fang SB	0	0	0	0	0	0	0	0
Wang YH	0	0	0	0	0	0	0	0
Qiu Y	0	0	0	0	0	0	0	20
Huang Y	0	2	0	0	0	0	0	0
Shi CW	0	0	2	0	0	0	0	0
Zhai J	0	0	0	0	0	0	0	0
Wang L	0	0	0	0	0	2	0	0
Yang XC	0	0	0	0	0	0	0	0
Zhang JB	0	0	0	0	0	6	0	0
Jiang L	19	0	0	0	0	0	0	0
……	⋮	⋮	⋮	⋮	⋮	⋮	⋮	⋮
Sun LC	0	0	0	0	0	0	0	0
Hagfeldt A	0	0	0	0	0	0	0	0
Pan X	0	15	9	0	0	0	0	0
Lin H	0	0	0	0	0	0	0	0
Wang KJ	0	14	6	0	0	0	0	0
Huang CH	1	0	0	0	0	0	0	0
Zhou XW	0	0	0	0	0	10	0	0
Xiao XR	0	0	0	0	0	10	0	0
Meng QB	2	0	1	0	0	0	11	0
Huang ML	0	0	0	0	0	0	0	0
Zhang J	0	0	0	0	5	0	0	0
Lan Z	0	0	0	0	0	0	0	0
Lin Y	0	0	0	0	0	14	2	0
Hu LH	0	12	14	0	0	0	0	0
Lin JM	0	0	0	0	0	0	0	0
Wang P	0	0	0	3	13	0	0	3
Wu JH	0	0	0	0	0	0	0	0
Dai SY	0	14	18	0	0	0	0	0
	Zhai J	Shi CW	Huang Y	Qiu Y	Wang YH	Fang SB	Li H	Wang LD

目前，实现关联分析的软件工具主要有美国佐治亚理工学院技术政策与评估中心与智能信息服务公司共同开发的技术监测工具 Vantage-Point[74]，该工具可以为专业技术情报人员和科研管理人员提供有效决策支撑服务，可以对技术的最新发展、最新应用进行识别，发现关键的人群和组织，识别技术（工艺、科学现象、制造能力等）之间的主要依赖关系，确定技术形成环境，技术应用以及支配其发展的（技术的和非技术的）因素是什么，并可以预测技术应用及潜在的效果。比较知名的 Thomson Data Analyzer （TDA）[73] 软件就是使用 Vantage-Point 作为技术支撑的，该软件是美国 Thomson 公司开发的专利分析工具，是 Derwent Analytics 的第二代产品。通过该软件可以对文献数据进行深度挖掘并展开可视化分析，揭示机构间，科研人员间或各类技术之间的关联关系。

本书在对 Vantage-Point 进行深入系统剖析和相关算法研究基础上，研究建立基于文本挖掘的科研主体关联关系构建方法。

2.3.2　构建方法

文本挖掘，又称为文本数据挖掘或文本知识发现，是数据挖掘的一个分支，是指为了发现知识，从文本数据中抽取隐含的、以前未知的、潜在有用模式的过程。它是分析文本数据、抽取文本信息、进而发现文本知识的过程。文本挖掘涉及多个研究领域，如信息检索、信息过滤、自动摘要、数据挖掘、人工智能等，它的出现为文本信息的整理、分析、挖掘提供了有效手段。

文本挖掘的主要目标是获得文本的主要内容特征，如文本涉及的主题、文本主题的类属、文本内容的浓缩等。文本挖掘的具体实现技术主要有：特征抽取、主题标引、文本分类、文本聚类、自动摘要。文本挖掘的主要处理过程是对文本数据进行预处理：分词、特征表示、特征提取；挖掘分析：文本摘要、分类、聚类；知识表示等。本书研究应用文本挖掘技术进行科研主体之间关联关系的揭示。

2.3.3 构建过程

科研主体的关联关系构建流程如图2-2所示，主要包括科研主体识别、特征提取、特征表示、文献与关键词同现、科研主体与关键词同现、关联度计算等六个步骤。

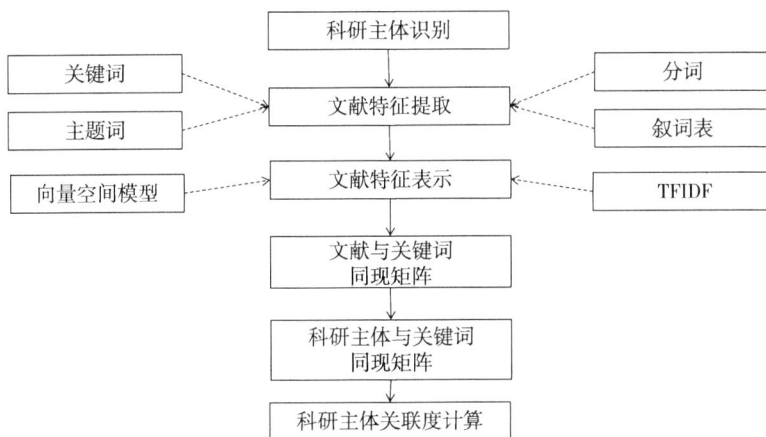

图2-2 基于文本的科研主体的关联关系构建流程

（1）科研主体识别。

首先，对文献集合中的科研主体进行识别抽取，如机构、作者、地区等，识别后的科研主体进行规范化处理，合并相同主体，建立科研主体与文献的隶属关系矩阵 A。假设，文献集合中有 n 个科研主体，m 篇文献，构建矩阵如下：

$$A = \begin{array}{c} \\ A_1 \\ A_2 \\ A_3 \\ \vdots \\ A_i \\ \vdots \\ A_n \end{array} \begin{bmatrix} D_1 & D_2 & D_3 & \cdots & D_j & \cdots & D_m \\ b_{11} & b_{12} & b_{13} & \cdots & b_{1j} & \cdots & b_{1m} \\ b_{21} & b_{22} & b_{23} & \cdots & b_{2j} & \cdots & b_{2m} \\ b_{31} & b_{32} & b_{33} & \cdots & b_{3j} & \cdots & b_{3m} \\ \vdots & \vdots & \vdots & \vdots & \vdots & \vdots & \vdots \\ b_{i1} & b_{i2} & b_{i3} & \cdots & b_{ij} & \cdots & b_{im} \\ \vdots & \vdots & \vdots & \vdots & \vdots & \vdots & \vdots \\ b_{n1} & b_{n2} & b_{n3} & \cdots & b_{nj} & \cdots & b_{nm} \end{bmatrix}$$

其中，$b_{ij}=1$ 或 $b_{ij}=0$，分别表示文献 j 是否隶属于主体 i。

（2）文献特征提取。

文献特征提取是指以一定特征项来代表文档，如文献关键词或主题词。在文本挖掘时只需对这些特征项进行处理，从而实现对非结构化的文本处理。这是一个由非结构化向结构化转换的处理过程。

对于科技论文等含有关键词的文献资料，可以直接采用关键词进行文献特征的表示。对于专利、科技报告等不包含关键词的文献资源，先要对文献进行分词预处理。对英文而言，分词即进行词性还原；对中文而言，由于中文词与词之间没有固定的分隔符（英文以空格分），使分词更为复杂。目前主要有基于词库的分词算法和无词典的分词技术两种。基于词库的分词算法包括正向最大匹配、正向最小匹配、逆向匹配及逐词遍历匹配法等[82]。这类算法的特点是易于实现，设计简单；但分词的正确性很大程度上取决于所建的词库，而且对于歧义和未登录词的切分具有很大的困难。基于无词典的分词技术的基本思想是：基于词频的统计，将原文中任意前后紧邻的两个字作为一个词进行出现频率的统计，出现的频率越高，成为一个词的可能性也就越大，在频率超过某个预先设定的阈值时，就将其视为一个词。这种方法能够有效地提取出未登录词[83][84]。本书研究科研主体关联关系构建过程中，综合两种方式进行文献特征词的提取，以文献关键词或分词结果为基础，利用中信所中英文叙词表进行同义词合并、概念提取，从而，提取出更为精确的文献特征。

（3）文献特征表示。

提取特征后的文献集合，应用向量空间模型进行文献的特征表示。将文献看作由一组正交词条所组成的向量，每个文献表示为其中的一个范化特征向量 $V(D)=(t_1,w_1;t_2,w_2\cdots t_n,w_n)$，其中 t_i 为词条项，w_i 为 t_i 在文献 D 中的权值。这样所有的文献就构成了一个向量空间。当文献集合固定时，t_i 值固定不变，故可看作特征向量的下标，从而特征向量简化为 $V(D)=(w_1,w_2\cdots w_n)$。w_i 一般定义为 t_i 在 D 中出现频率的函数 $\phi=(tf_i(D))$，常见的有布尔函数 $\phi=\begin{cases}0 & tf_i(D)\geqslant 1 \\ 1 & tf_i(D)\leqslant 1\end{cases}$，平方根函数 $\phi=\sqrt{f_i(D)}$，对数函数 $\phi=\log(f_i(D)+1)$ 和 $tf_i df$ 函数 $\phi=f_i(D)\times\log\left(\dfrac{N}{n_i}\right)$，$N$ 为所有文档的数目，n_i 为含有词条 t_i 的文档数目。

（4）构建文献与关键词同现矩阵。

以向量空间模型进行文献特征表示后，构建文献与关键词的同现频率矩阵。假设，文献集合中有 m 篇文献，l 个关键词，构建矩阵如下：

$$X=\begin{bmatrix} & Keyword_1 & Keyword_2 & Keyword_3 & \cdots & Keyword_k & \cdots & Keyword_l \\ D_1 & b_{11} & b_{12} & b_{13} & \cdots & b_{1k} & \cdots & b_{1l} \\ D_2 & b_{21} & b_{22} & b_{23} & \cdots & b_{2k} & \cdots & b_{2l} \\ D_3 & b_{31} & b_{32} & b_{33} & \cdots & b_{3k} & \cdots & b_{3l} \\ \vdots & \vdots & \vdots & \vdots & & \vdots & & \vdots \\ D_j & b_{j1} & b_{j2} & b_{j3} & \cdots & b_{jk} & \cdots & b_{jl} \\ \vdots & \vdots & \vdots & \vdots & & \vdots & & \vdots \\ D_m & b_{m1} & b_{m2} & b_{m3} & \cdots & b_{mk} & \cdots & b_{ml} \end{bmatrix}$$

其中，$b_{jk}=1$ 或 $b_{jk}=0$，分别表示文献 j 是否使用了关键词 k。

例如：假定我们有6篇文献，这6篇文献共包含有5个技术关键词，则我们就建立了{6篇文献 *5技术关键词}的关联矩阵 X。

$$
\begin{bmatrix}
 & \text{Keyword}_1 & \text{Keyword}_2 & \text{Keyword}_3 & \text{Keyword}_4 & \text{Keyword}_5 \\
D_1 & 1 & 0 & 1 & 1 & 0 \\
D_2 & 1 & 0 & 1 & 0 & 1 \\
D_3 & 1 & 1 & 0 & 0 & 0 \\
D_4 & 0 & 0 & 1 & 0 & 1 \\
D_5 & 1 & 0 & 1 & 1 & 0 \\
D_6 & 1 & 1 & 0 & 0 & 0
\end{bmatrix}
$$

其中，1代表Keyword$_j$在D_i中出现，0代表Keyword$_j$不在D_i中出现。

（5）构建科研主体与关键词同现矩阵。

利用科研主体与文献的隶属关系矩阵、文献与关键词的同现矩阵构建科研主体与关键词同现矩阵。

$$
AX = \begin{bmatrix}
 & \text{Keyword}_1 & \text{Keyword}_2 & \text{Keyword}_3 & \cdots & \text{Keyword}_k & \cdots & \text{Keyword}_l \\
A_1 & e_{11} & e_{12} & e_{13} & \cdots & e_{1k} & \cdots & e_{1l} \\
A_2 & e_{21} & e_{22} & e_{23} & \cdots & e_{2k} & \cdots & e_{2l} \\
A_3 & e_{31} & e_{32} & e_{33} & \cdots & e_{3k} & \cdots & e_{3l} \\
\vdots & \vdots & \vdots & \vdots & \vdots & \vdots & \vdots & \vdots \\
A_i & e_{i1} & e_{i2} & e_{i3} & \cdots & e_{ik} & \cdots & e_{il} \\
\vdots & \vdots & \vdots & \vdots & \vdots & \vdots & \vdots & \vdots \\
A_n & e_{n1} & e_{n2} & e_{n3} & \cdots & e_{nk} & \cdots & e_{nl}
\end{bmatrix}
$$

l主体A_i的关键词Keyword$_k$的权值，用e_{ik}表示，e_{ik}的取值为Keyword$_k$在A_i发表的文献中出现的频数。

ln是科研主体的总数。

ll是文献组内所有关键词总数。

（6）计算科研主体间的关联度，构建科研主体关联矩阵。

向量空间模型常采用相似度来度量两个文档D_1、D_2之间的相关程度，而相似度定义为文档向量之间的距离，以夹角余弦公式居多：

$$\text{Sim}\left(D_1, D_2\right) = \cos\left(\theta\right) = \frac{\sum_{k=1}^{n} w_{1k} w_{2k}}{\sqrt{\sum_{k=1}^{n} w_{1k}^{2}} \times \sqrt{\sum_{k=1}^{n} w_{2k}^{2}}}$$

其中，$D_1 = \left(w_{11}, w_{12} \cdots w_{1n}\right)$，$D_2 = \left(w_{21}, w_{22} \cdots w_{2n}\right)$。

在计算科研主体的关联度上，采用夹角余弦作为关联度结果。将每个科研主体的文献集合作为一篇文献，采用 $tf_i df$ 函数 $\phi = f_i\left(D\right) \times \log\left(\frac{N}{n_i}\right)$ 进行特征表示，$\phi = \left(tf_i\left(D\right)\right)$ 为词 t_i 在文献 D 中出现频率的函数，N 为所有文献的数目，n_i 为含有词 t_i 的文献数目。

2.3.4 构建示例

选择图书情报与数字图书馆学科 2002—2011 年这 10 年与知识图谱和知识可视化相关的核心期刊论文共 342 篇，对这些论文中发文数量排名前 30 的机构进行关联度计算，如表 2-2 所示，构建结果作为下一章关联关系可视化示例的数据基础。

表2-2　基于文本的知识图谱与知识可视化中文期刊机构关联

	武汉大学信息资源研究中心	中国科学院国家科学图书馆	浙江树人大学科学计量学研究中心	南京大学信息管理系	北京师范大学管理学院	中国科学院研究生院	武汉大学科学评价研究中心	大连理工大学21世纪发展研究中心	中国科学技术信息研究所	江苏大学科技信息研究所	武汉大学中国科学评价研究中心	大连理工大学WISE实验室	中国科学院国家科学图书馆兰州分馆	嘉兴学院图书馆	华中师范大学信息管理系	上海图书馆上海科学技术情报研究所	浙江树人大学图书馆	哈尔滨师范大学图书馆	中国科学院文献情报中心	河北科技师范学院图书馆	武汉大学经济与管理学院	吉林大学管理学院	南京大学历史学系	北京大学信息管理系	九江学院图书馆	中国科学院武汉文献情报中心	大连理工大学21世纪发展研究中心	中国科学院资源环境科学信息中心	黑龙江大学信息资源管理研究中心
武汉大学信息管理学院	0.00	0.20	0.02	0.07	0.02	0.04	0.43	0.05	0.07	0.14	0.24	0.09	0.11	0.02	0.00	0.01	0.05	0.04	0.01	0.03	0.15	0.02	0.08	0.05	0.06	0.01	0.00	0.07	0.01
武汉大学信息资源研究中心	0.20	0.00	0.09	0.12	0.02	0.03	0.47	0.07	0.03	0.20	0.15	0.04	0.13	0.03	0.02	0.01	0.08	0.00	0.01	0.00	0.17	0.02	0.13	0.00	0.16	0.02	0.01	0.01	0.05
中国科学院国家科学图书馆	0.02	0.02	0.02	0.05	0.06	0.45	0.01	0.01	0.04	0.00	0.02	0.02	0.05	0.02	0.06	0.06	0.02	0.10	0.04	0.01	0.02	0.00	0.00	0.04	0.01	0.02	0.03	0.05	0.06

续表

机构	浙江树人大学科学计量学研究中心	南京大学信息管理系	北京师范大学管理学院
黑龙江大学信息资源管理研究中心	0.06 0.01	0.02 0.03	0.01
中国科学院资源环境科学信息中心	0.06 0.06	0.02	0.03
大连理工大学21世纪发展研究中心	0.07	0.00	0.01 0.03
中国科学院武汉文献情报中心	0.01	0.00	0.03
九江学院图书馆	0.11	0.06	0.05
北京大学信息管理系	0.00	0.00	0.03 0.03
南京大学历史系	0.06 0.06	0.55	
吉林大学管理学院	0.03	0.00	0.00
武汉大学经济与管理学院	0.07	0.04	0.12 0.04
河北科技师范学院图书馆	0.01	0.02	0.04
中国科学院文献情报中心	0.01	0.02	0.05
哈尔滨师范大学图书馆	0.01	0.03	0.05
浙江树人大学图书馆	0.24	0.09	0.03
上海图书馆上海科学技术情报研究所	0.01	0.00	0.02
华中师范大学信息管理系	0.04 0.04	0.09	0.00
嘉兴学院图书馆	0.04	0.08	0.09
中国科学院国家科学图书馆兰州分馆	0.07	0.03	0.01
大连理工大学WISE实验室	0.05	0.01	0.03
武汉大学中国科学评价研究中心	0.05	0.15	0.05
江苏大学科技信息研究所	0.19	0.11	0.01
中国科学技术信息研究所	0.11 0.03	0.01	0.04
大连理工大学21世纪发展研究中心	0.11	0.20	0.02
武汉大学科学评价研究中心	0.11	0.14	0.02
中国科学院研究生院	0.06	0.02	0.06
北京师范大学管理学院	0.04	0.04	0.00
南京大学信息管理系	0.05	0.00	0.04
浙江树人大学科学计量学研究中心	0.00	0.05	0.04
中国科学院国家科学图书馆	0.09 0.02	0.05	0.06
武汉大学信息资源研究中心	0.09	0.12 0.05	0.02 0.02
武汉大学信息管理学院	0.08	0.07	0.02

续表

机构	中国科学院研究生院	武汉大学科学评价研究中心	大连理工大学21世纪发展研究中心
黑龙江大学信息资源管理研究中心	0.05	0.00	0.01
中国科学院资源环境科学信息中心	0.05	0.00	0.04
大连理工大学21世纪发展研究中心	0.06	0.01	0.10
中国科学院武汉文献情报中心	0.03	0.02	0.02
九江学院图书馆	0.02	0.30	0.08
北京大学信息管理系	0.06	0.04	0.00
南京大学历史学系	0.00	0.16	0.04
吉林大学管理学院	0.06	0.02	0.00
武汉大学经济与管理学院	0.04	0.04	0.03
河北科技师范学院图书馆	0.02	0.02	0.03
中国科学院文献情报中心	0.04	0.00	0.01
哈尔滨师范大学图书馆	0.13	0.00	0.00
浙江树人大学图书馆	0.02	0.09	0.04
上海图书馆上海科学技术情报研究所	0.02	0.01	0.01
华中师范大学信息管理系	0.07	0.00	0.02
嘉兴学院图书馆	0.04	0.02	0.03
中国科学院国家科学图书馆兰州分馆	0.25	0.15	0.02
大连理工大学WISE实验室	0.02	0.10	0.09
武汉大学中国科学评价研究中心	0.06	0.29	0.03
江苏大学科技信息研究所	0.04	0.21	0.05
中国科学技术信息研究所	0.12	0.04	0.04
大连理工大学21世纪发展研究中心	0.01	0.11	0.00
武汉大学科学评价研究中心	0.05	0.00	0.11
中国科学院研究生院	0.00	0.05	0.01
北京师范大学管理学院	0.06	0.02	0.02
南京大学信息管理系	0.02	0.14	0.20
浙江树人大学科学计量学研究中心	0.06	0.11	0.11
中国科学院国家科学图书馆	0.45	0.01	0.01
武汉大学信息资源研究中心	0.03	0.47	0.07
武汉大学信息管理学院	0.04	0.43	0.05

续表

机构	中国科学技术信息研究所	江苏大学科技信息研究所	武汉大学中国科学评价研究中心
黑龙江大学信息资源管理研究中心	0.01	0.00	0.01
中国科学院资源环境科学信息中心	0.01	0.00	0.02
大连理工大学21世纪发展研究中心	0.04	0.00	0.02
中国科学院武汉文献情报中心	0.02	0.00	0.04
九江学院图书馆	0.07	0.05	0.35
北京大学信息管理系	0.50	0.00	0.06
南京大学历史学系	0.02	0.19	0.18
吉林大学管理学院	0.00	0.05	0.00
武汉大学经济与管理学院	0.01	0.08	0.01
河北科技师范学院图书馆	0.00	0.02	0.06
中国科学院文献情报中心	0.01	0.00	0.01
哈尔滨师范大学图书馆	0.00	0.00	0.00
浙江树人大学图书馆	0.02	0.09	0.09
上海图书馆上海科学技术情报研究所	0.19	0.00	0.02
华中师范大学信息管理系	0.02	0.00	0.00
嘉兴学院图书馆	0.03	0.02	0.02
中国科学院国家科学图书馆兰州分馆	0.05	0.07	0.24
大连理工大学WISE实验室	0.03	0.03	0.03
武汉大学中国科学评价研究中心	0.04	0.18	0.00
江苏大学科技信息研究所	0.03	0.00	0.18
中国科学技术信息研究所	0.00	0.03	0.04
大连理工大学21世纪发展研究中心	0.04	0.05	0.03
武汉大学科学评价研究中心	0.04	0.21	0.29
中国科学院研究生院	0.12	0.04	0.06
北京师范大学管理学院	0.04	0.01	0.05
南京大学信息管理系	0.01	0.11	0.15
浙江树人大学科学计量学研究中心	0.03	0.19	0.05
中国科学院国家科学图书馆	0.04	0.00	0.02
武汉大学信息资源研究中心	0.03	0.20	0.15
武汉大学信息管理学院	0.07	0.14	0.24

续表

	大连理工大学WISE实验室	中国科学院国家科学图书馆兰州分馆	嘉兴学院图书馆
黑龙江大学信息资源管理研究中心	0.01	0.06	0.00
中国科学院资源环境科学信息中心	0.05	0.32	0.00
大连理工大学21世纪发展研究中心	0.15	0.08	0.03
中国科学院武汉文献情报中心	0.04	0.01	0.00
九江学院图书馆	0.04	0.12	0.00
北京大学信息管理系	0.00	0.00	0.00
南京大学历史学系	0.02	0.02	0.06
吉林大学管理学院	0.00	0.08	0.00
武汉大学经济与管理学院	0.01	0.04	0.02
河北科技师范学院图书馆	0.00	0.00	0.01
中国科学院文献情报中心	0.01	0.05	0.08
哈尔滨师范大学图书馆	0.00	0.03	0.02
浙江树人大学图书馆	0.02	0.03	0.03
上海图书馆上海科学技术情报研究所	0.02	0.01	0.00
华中师范大学信息管理系	0.03	0.04	0.02
嘉兴学院图书馆	0.02	0.04	0.00
中国科学院国家科学图书馆兰州分馆	0.01	0.00	0.04
大连理工大学WISE实验室	0.00	0.01	0.02
武汉大学中国科学评价研究中心	0.03	0.24	0.02
江苏大学科技信息研究所	0.03	0.07	0.02
中国科学技术信息研究所	0.03	0.05	0.03
大连理工大学21世纪发展研究中心	0.09	0.02	0.03
武汉大学科学评价研究中心	0.10	0.15	0.02
中国科学院研究生院	0.02	0.25	0.04
北京师范大学管理学院	0.03	0.01	0.09
南京大学信息管理系	0.01	0.03	0.08
浙江树人大学科学计量学研究中心	0.05	0.07	0.04
中国科学院国家科学图书馆	0.02	0.05	0.02
武汉大学信息资源研究中心	0.04	0.13	0.02
武汉大学信息管理学院	0.09	0.11	0.02

续表

机构	华中师范大学信息管理系	上海图书馆上海科学技术情报研究所	浙江树人大学图书馆
黑龙江大学信息资源管理研究中心	0.00 0.00	0.02 0.01	0.03 0.02
中国科学院资源环境科学信息中心	0.04 0.00	0.02 0.01	0.03 0.02
大连理工大学21世纪发展研究中心	0.07	0.03 0.01	0.00 0.00
中国科学院武汉文献情报中心	0.00 0.00	0.03 0.02	0.02 0.00
九江学院图书馆	0.00 0.00	0.02 0.00	0.00 0.00
北京大学信息管理系	0.00 0.00	0.00 0.00	0.00 0.00
南京大学历史学系	0.00 0.00	0.00 0.00	0.15
吉林大学管理学院	0.00 0.00	0.00 0.00	0.00 0.00
武汉大学经济与管理学院	0.00 0.00	0.00 0.01	0.03 0.00
河北科技师范学院图书馆	0.00 0.00	0.00 0.01	0.00 0.00
中国科学院文献情报中心	0.00 0.00	0.01 0.00	0.01 0.00
哈尔滨师范大学图书馆	0.00 0.00	0.00 0.02	0.00 0.00
浙江树人大学图书馆	0.00 0.00	0.02 0.00	0.02 0.00
上海图书馆上海科学技术情报研究所	0.00 0.00	0.00 0.00	0.02 0.00
华中师范大学信息管理系	0.02	0.00 0.00	0.03 0.00
嘉兴学院图书馆	0.04 0.00	0.02 0.01	0.03 0.03
中国科学院国家科学图书馆兰州分馆	0.03	0.02 0.02	0.02 0.02
大连理工大学WISE实验室	0.00 0.00	0.02 0.02	0.09 0.09
武汉大学中国科学评价研究中心	0.00	0.00 0.02	0.09 0.09
江苏大学科技信息研究所	0.02	0.19 0.00	0.09 0.02
中国科学技术信息研究所	0.02	0.01 0.01	0.02 0.04
大连理工大学21世纪发展研究中心	0.00 0.00	0.01 0.02	0.04 0.09
武汉大学科学评价研究中心	0.07	0.02 0.01	0.02 0.09
中国科学院研究生院	0.00 0.00	0.02 0.02	0.02 0.03
北京师范大学管理学院	0.09	0.00 0.02	0.03 0.09
南京大学信息管理系	0.06 0.04	0.00 0.02	0.09 0.24
浙江树人大学科学计量学研究中心	0.00 0.02	0.01 0.02	0.02 0.02
中国科学院国家科学图书馆	0.00 0.02	0.01 0.02	0.02 0.08
武汉大学信息资源研究中心	0.00 0.02	0.01 0.01	0.05 0.08
武汉大学信息管理学院	0.00	0.01	0.05

续表

	哈尔滨师范大学图书馆	中国科学院文献情报中心	河北科技师范学院图书馆
黑龙江大学信息资源管理研究中心	0.06	0.10	0.00
中国科学院资源环境科学信息中心	0.04	0.07	0.00 0.00
大连理工大学21世纪发展研究中心	0.00	0.00	0.00 0.00
中国科学院武汉文献情报中心	0.00	0.01	0.00 0.00
九江学院图书馆	0.00	0.00	0.06
北京大学信息管理系	0.00	0.00	0.00 0.00
南京大学历史学系	0.00	0.00	0.00 0.00
吉林大学管理学院	0.00	0.00	0.00 0.00
武汉大学经济与管理学院	0.03	0.01	0.02
河北科技师范学院图书馆	0.02	0.00	0.00 0.00
中国科学院文献情报中心	0.04	0.00	0.00 0.00
哈尔滨师范大学图书馆	0.00	0.04	0.02
浙江树人大学图书馆	0.00	0.01	0.00 0.00
上海图书馆上海科学技术情报研究所	0.00	0.01	0.00 0.00
华中师范大学信息管理系	0.00	0.00	0.00 0.00
嘉兴学院图书馆	0.02	0.08	0.01
中国科学院国家科学图书馆兰州分馆	0.03	0.05	0.00 0.00
大连理工大学WISE实验室	0.00	0.01	0.00 0.00
武汉大学中国科学评价研究中心	0.00	0.01	0.06
江苏大学科技信息研究所	0.00	0.00	0.02
中国科学技术信息研究所	0.00	0.01	0.00 0.00
大连理工大学21世纪发展研究中心	0.00	0.01	0.00 0.00
武汉大学科学评价研究中心	0.00	0.00	0.02
中国科学院研究生院	0.13	0.04	0.02
北京师范大学管理学院	0.05	0.05	0.04
南京大学信息管理系	0.10 0.03	0.02	0.02
浙江树人大学科学计量学研究中心	0.01	0.01	0.01
中国科学院国家科学图书馆	0.10	0.04	0.01
武汉大学信息资源研究中心	0.04 0.00	0.01	0.00
武汉大学信息管理学院	0.04	0.01 0.01	0.03 0.00

续表

	武汉大学信息管理学院	武汉大学信息资源研究中心	中国科学院国家科学图书馆	浙江树人大学科学计量学研究中心	南京大学信息管理系	北京师范大学管理学院	中国科学院研究生院	武汉大学科学评价研究中心	大连理工大学21世纪发展研究中心	中国科学技术信息研究所	江苏大学科技信息研究所	武汉大学中国科学评价研究中心	大连理工大学WISE实验室	中国科学院国家科学图书馆兰州分馆	嘉兴学院图书馆	华中师范大学信息管理系	上海图书馆上海科学技术情报研究所	浙江树人大学图书馆	哈尔滨师范大学图书馆	中国科学院文献情报中心	河北科技师范学院图书馆	武汉大学经济与管理学院	吉林大学管理学院	南京大学历史学系	北京大学信息管理系	九江学院图书馆	中国科学院武汉文献情报中心	大连理工大学21世纪发展研究中心	中国科学院资源环境科学信息中心	黑龙江大学信息资源管理研究中心
武汉大学经济与管理学院	0.15	0.17	0.02	0.07	0.04	0.12	0.04	0.04	0.03	0.01	0.08	0.01	0.01	0.04	0.02	0.00	0.01	0.03	0.03	0.01	0.02	0.00	0.02	0.03	0.00	0.00	0.01	0.00	0.02	0.01
吉林大学管理学院	0.02	0.02	0.00	0.03	0.00	0.00	0.06	0.02	0.00	0.00	0.05	0.00	0.00	0.08	0.00	0.00	0.00	0.00	0.00	0.00	0.00	0.02	0.00	0.00	0.00	0.00	0.00	0.00	0.00	0.00
南京大学历史学系	0.08	0.13	0.00	0.06	0.55	0.00	0.00	0.16	0.04	0.02	0.19	0.18	0.02	0.02	0.06	0.00	0.00	0.15	0.00	0.00	0.00	0.03	0.00	0.00	0.00	0.00	0.00	0.00	0.00	0.00

续表

	北京大学信息管理系	九江学院图书馆	中国科学院武汉文献情报中心
黑龙江大学信息资源管理研究中心	0.00	0.00	0.01
中国科学院资源环境科学信息中心	0.00	0.00	0.02
大连理工大学21世纪发展研究中心	0.00	0.03	0.03
中国科学院武汉文献情报中心	0.00	0.04	0.00
九江学院图书馆	0.11	0.00	0.04
北京大学信息管理系	0.00	0.11	0.00
南京大学历史学系	0.00	0.00	0.00
吉林大学管理学院	0.00	0.00	0.00
武汉大学经济与管理学院	0.00	0.00	0.01
河北科技师范学院图书馆	0.00	0.06	0.00
中国科学院文献情报中心	0.00	0.00	0.01
哈尔滨师范大学图书馆	0.00	0.00	0.00
浙江树人大学图书馆	0.00	0.00	0.02
上海图书馆上海科学技术情报研究所	0.00	0.02	0.03
华中师范大学信息管理系	0.00	0.00	0.00
嘉兴学院图书馆	0.00	0.00	0.00
中国科学院国家科学图书馆兰州分馆	0.00	0.12	0.01
大连理工大学WISE实验室	0.00	0.04	0.04
武汉大学中国科学评价研究中心	0.06	0.35	0.04
江苏大学科技信息研究所	0.00	0.05	0.00
中国科学技术信息研究所	0.50	0.07	0.02
大连理工大学21世纪发展研究中心	0.00	0.08	0.02
武汉大学科学评价研究中心	0.04	0.30	0.02
中国科学院研究生院	0.06	0.02	0.03
北京师范大学管理学院	0.03	0.05	0.03
南京大学信息管理系	0.00	0.06	0.00
浙江树人大学科学计量学研究中心	0.00	0.11	0.01
中国科学院国家科学图书馆	0.04	0.01	0.02
武汉大学信息资源研究中心	0.00	0.16	0.02
武汉大学信息管理学院	0.05	0.06	0.01

续表

机构	大连理工大学21世纪发展研究中心	中国科学院资源环境科学信息中心
黑龙江大学信息资源管理研究中心	0.00	0.09
中国科学院资源环境科学信息中心	0.08	0.00
大连理工大学21世纪发展研究中心	0.00	0.08
中国科学院武汉文献情报中心	0.03	0.02
九江学院图书馆	0.03	0.00
北京大学信息管理系	0.00	0.00
南京大学历史学系	0.00	0.00
吉林大学管理学院	0.00	0.00
武汉大学经济与管理学院	0.00	0.02
河北科技师范学院图书馆	0.00	0.00
中国科学院文献情报中心	0.00	0.07
哈尔滨师范大学图书馆	0.00	0.04
浙江树人大学图书馆	0.00	0.03
上海图书馆上海科学技术情报研究所	0.01	0.02
华中师范大学信息管理系	0.07	0.04
嘉兴学院图书馆	0.03	0.00
中国科学院国家科学图书馆兰州分馆	0.08	0.32
大连理工大学WISE实验室	0.15	0.05
武汉大学中国科学评价研究中心	0.02	0.02
江苏大学科技信息研究所	0.00	0.00
中国科学技术信息研究所	0.04	0.01
大连理工大学21世纪发展研究中心	0.10	0.04
武汉大学科学评价研究中心	0.01	0.00
中国科学院研究生院	0.06	0.05
北京师范大学管理学院	0.01	0.03
南京大学信息管理系	0.00	0.02
浙江树人大学科学计量学研究中心	0.07	0.06
中国科学院国家科学图书馆	0.03	0.05
武汉大学信息资源研究中心	0.01	0.01
武汉大学信息管理学院	0.00	0.07

续表

	黑龙江大学信息资源管理研究中心
黑龙江大学信息资源管理研究中心	0.00 0.00
中国科学院资源环境科学信息中心	0.09 0.09
大连理工大学21世纪发展研究中心	0.00
中国科学院武汉文献情报中心	0.01
九江学院图书馆	0.00 0.00
北京大学信息管理系	0.00
南京大学历史学系	0.00
吉林大学管理学院	0.00
武汉大学经济与管理学院	0.01
河北科技师范学院图书馆	0.00
中国科学院文献情报中心	0.10
哈尔滨师范大学图书馆	0.06
浙江树人大学图书馆	0.02
上海图书馆上海科学技术情报研究所	0.01
华中师范大学信息管理系	0.00
嘉兴学院图书馆	0.00
中国科学院国家科学图书馆兰州分馆	0.06
大连理工大学WISE实验室	0.01
武汉大学中国科学评价研究中心	0.01
江苏大学科技信息研究所	0.00
中国科学技术信息研究所	0.01
大连理工大学21世纪发展研究中心	0.01
武汉大学科学评价研究中心	0.00
中国科学院研究生院	0.05
北京师范大学管理学院	0.01
南京大学信息管理系	0.03 0.03
浙江树人大学科学计量学研究中心	0.01
中国科学院国家科学图书馆	0.05 0.06
武汉大学信息资源研究中心	0.05
武汉大学信息管理学院	0.01 0.01

2.4 基于引文的科研主体关联关系构建

2.4.1 构建思路

揭示文献关联性的角度很多，除了前面提到的基于文献特征词的文本分析方法外，基于文献引文的关联也是比较常用的方法之一。引文信息作为文献的重要组成部分，在信息资源建设开发与利用中有着特殊的地位和作用。Leydesdorff L 比较了基于共词和引文信息两种方法在揭示文献关联方面的相似性[85]，Ahlgren P 通过对比试验证实了综合运用两种方法有益于文献相似性的度量[86]。

在文献关联分析实践中，基于文献特征词的关联和基于文献引文的关联各有优缺点，但又互为补充。基于文献特征词的关联能够反映文献内容，但严重依赖于与特征词选取相关的一系列技术，关联结果不稳定。基于引文信息建立文献之间的关联，以客观的引文记录为准，数据处理相关技术简单，易于操作，但也存在难以揭示文献内容的缺点。因此，综合运用基于文献特征词和基于引文进行的文献关联度揭示，不仅是全面度量文献相关性的有效方法，增进对文献内外部特征关联的全面理解，而且作为一种综合揭示文献主题结构和引文关联的方法，充实了科研管理研究方法体系。因此，本书选择引文信息构建科研主体之间的关联关系，并辅以科研主体的特征词进行科研主体研究主题的揭示。

2.4.2 构建方法

应用引文信息进行科研主体的关联性度量，可以从文献耦合关系和同被引关系两个角度进行。

文献耦合，揭示不同主体与同一对象之间的关系。两篇文献同时引用一篇或多篇文献，可以说两篇文献具有耦合关系，具有耦合关系的文献之间通常具有某种联系。分析文献耦合关系，可以研究文献的引用结构和规律、主题相关性及其学科结构等问题。文献耦合关系示意如图2-3所示[87]。

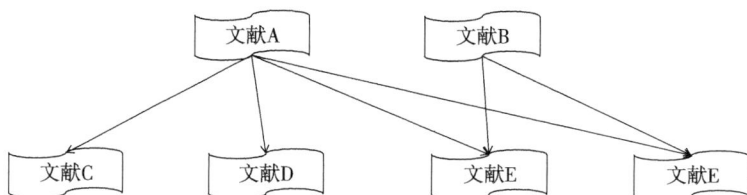

图2-3　文献耦合关系示意

文献同被引，是指两篇（或多篇）文献同时被其他文献引用，两篇文献具有同被引关系。同被引强度因研究重点及其关系的转换而变。因此，对文献的同被引进行分析，能够反映文献之间不断发展变化的关系。

一般情况下，文献耦合关系或同被引关系较强的两篇文献，研究的主题相关性也较强，两篇文献中包含的学术用语更为接近。本书构建基于文献耦合和同被引的科研主体关联，并辅以特征词进行科研主体研究主题的揭示，详细阐述该构建过程。

2.4.3　构建过程

（1）确定引文数据选取范围。

引文分析所用数据的年限有多种选取方法。揭示学科的前沿、热点，或者计算期刊影响因子时，大多采用统计当年的前两年的引文数据；分析领域演进，则经常追求更广的时间跨度。一般说来，年限范围越长，引文数量越多，累积性计量指标反映得将更充分，更能反映领域中重要成果的科研影响；而年限范围越短，即时性越好，越能反映领域的研究热点和领域研究现状。本书研究应用引文信息进行科研主体间的关联关系构建，为了更充分地反映历史信息对当前状态的影响，本研究选择引文数据的范围为文献的所有引文数据。

（2）科研主体识别。

与基于文本的科研主体关联关系构建相同，首先进行科研主体识别，建立科研主体与文献的隶属关系矩阵 A。

（3）提取引文信息，构建文献引证关系矩阵。

对文献进行编号处理，将文献及其引用文献用（或引用了该文献的文献）编号进行统一，构建引证关系矩阵 X。对文献进行编号，目的在于对文献进行统计时减少其占用的计算机资源，增加统计分析处理的速度。假设，文献集合中有 n 个科研主体，m 篇文献，所有文献的引用文献去掉重复文献后共有 l 个文献，构建文献间的引证关系矩阵如下：

$$X = \begin{bmatrix} & d_1 & d_2 & d_3 & \cdots & d_k & \cdots & d_l \\ D_1 & b_{11} & b_{12} & b_{13} & \cdots & b_{1k} & \cdots & b_{1l} \\ D_2 & b_{21} & b_{22} & b_{23} & \cdots & b_{2k} & \cdots & b_{2l} \\ D_3 & b_{31} & b_{32} & b_{33} & \cdots & b_{3k} & \cdots & b_{3l} \\ \vdots & \vdots & \vdots & \vdots & & \vdots & & \vdots \\ D_j & b_{j1} & b_{j2} & b_{j3} & \cdots & b_{jk} & \cdots & b_{jl} \\ \vdots & \vdots & \vdots & \vdots & & \vdots & & \vdots \\ D_m & b_{m1} & b_{m2} & b_{m3} & \cdots & b_{mk} & \cdots & b_{ml} \end{bmatrix}$$

其中，$b_{jk} = 1$ 或 $b_{jk} = 0$，分别表示文献 j 是否引用了文献 k。

（4）构建文献耦合（或同被引）矩阵。

利用文献引证关系矩阵 X 构建文献耦合（或同被引）矩阵如下：

$$XX' = \begin{bmatrix} & D_1 & D_2 & D_3 & \cdots & D_j & \cdots & D_m \\ D_1 & e_{11} & e_{12} & e_{13} & \cdots & e_{1j} & \cdots & e_{1m} \\ D_2 & e_{21} & e_{22} & e_{23} & \cdots & e_{2j} & \cdots & e_{2m} \\ D_3 & e_{31} & e_{32} & e_{33} & \cdots & e_{3j} & \cdots & e_{3m} \\ \vdots & \vdots & \vdots & \vdots & \vdots & \vdots & \vdots & \vdots \\ D_j & e_{j1} & e_{j2} & e_{j3} & \cdots & e_{jj} & \cdots & e_{jm} \\ \vdots & \vdots & \vdots & \vdots & \vdots & \vdots & \vdots & \vdots \\ D_m & e_{m1} & e_{m2} & e_{m3} & \cdots & e_{mj} & \cdots & e_{mm} \end{bmatrix}$$

其中，e_{ij}表示文献i，j同时引用的文献数量（或同时引用了这两个文献的文献数量）。

（5）构建科研主体文献耦合（或同被引）矩阵。

利用科研主体与文献的隶属关系矩阵、文献耦合关系（或同被引）矩阵，计算科研主体间的耦合关系矩阵。

$$AXX' = \begin{bmatrix} & A_1 & A_2 & A_3 & \cdots & A_j & \cdots & A_n \\ A_1 & e_{11} & e_{12} & e_{13} & \cdots & e_{1j} & \cdots & e_{1n} \\ A_2 & e_{21} & e_{22} & e_{23} & \cdots & e_{2j} & \cdots & e_{2n} \\ A_3 & e_{31} & e_{32} & e_{33} & \cdots & e_{3j} & \cdots & e_{3n} \\ \vdots & \vdots & \vdots & \vdots & \vdots & \vdots & \vdots & \vdots \\ A_j & e_{j1} & e_{j2} & e_{j3} & \cdots & e_{jj} & \cdots & e_{jn} \\ \vdots & \vdots & \vdots & \vdots & \vdots & \vdots & \vdots & \vdots \\ A_n & e_{n1} & e_{n2} & e_{n3} & \cdots & e_{nj} & \cdots & e_{nn} \end{bmatrix}$$

其中，e_{ij}表示主体i，j同时引用的文献数量（或同时引用了这两个主体文献的文献数量）。同时，为了去除主体自我耦合，强制设定对角线的元素$e_{ii}=0$，即不考虑科研主体自身的耦合。

（6）计算科研主体间的关联度，构建科研主体关联矩阵。

采用科研主体耦合关系矩阵中的耦合数量作为主体之间的关联性度量，能够反映主体间的绝对耦合关系强度。但这个数值与科研主体文献数量多少，引文数量多少有着直接的关系。因此，不能客观反映主体间的关联强度。本研究采用与2.3节类似的处理手段。将引文记录看作文献的关键词，计算科研主体的引文矩阵 AX：

$$AX = \begin{bmatrix} & d_1 & d_2 & d_3 & \cdots & d_k & \cdots & d_l \\ A_1 & e_{11} & e_{12} & e_{13} & \cdots & e_{1k} & \cdots & e_{1l} \\ A_2 & e_{21} & e_{22} & e_{23} & \cdots & e_{2k} & \cdots & e_{2l} \\ A_3 & e_{31} & e_{32} & e_{33} & \cdots & e_{3k} & \cdots & e_{3l} \\ \vdots & \vdots & \vdots & \vdots & \vdots & \vdots & \vdots & \vdots \\ A_i & e_{i1} & e_{i2} & e_{i3} & \cdots & e_{ik} & \cdots & e_{il} \\ \vdots & \vdots & \vdots & \vdots & \vdots & \vdots & \vdots & \vdots \\ A_n & e_{n1} & e_{n2} & e_{n3} & \cdots & e_{nk} & \cdots & e_{nl} \end{bmatrix}$$

进而，以用 $tf_i df$ 进行科研主体的特征表示，以夹角余弦作为主体间的关联。

2.4.4 构建示例

仍然选取染敏太阳能电池技术，SCI论文数据库中包含中国作者的论文数据[88]。对这些论文的所属机构构建基于引文耦合的关联关系。表2-3所示为发文数量排序前20的机构间的引文耦合绝对数量值，最多的为32870，最少的为91，平均值2531，从绝对数量上不易揭示机构间的关联性。表2-4所示为采用引文矩阵 AX、应用 $tf_i df$ 进行主体间关联关系度量的结果。

基于科研关系网络的高校科研管理研究　◆◇

基于科研关系网络的高校科研管理研究　◆◇

表 2-3　DSSC 技术 SCI 论文中国机构耦合关系

	Chinese Acad Sci	Dalian Univ Technol	Peking Univ	Tsinghua Univ	Huaqiao Univ	Wuhan Univ	E China Univ Sci & Technol	Fudan Univ	Nankai Univ	Jilin Univ	Sun Yat Sen Univ	Shanghai Jiao Tong Univ	Swiss Fed Inst Technol	Xi An Jiao Tong Univ
Univ Sci & Technol Beijing	7362	1248	1439	1253	1217	958	918	786	634	591	632	352	468	447
Hefei Univ Technol	9571	1413	1590	1235	1595	1055	1051	934	640	632	483	425	433	477
Nanjing Univ	5876	1134	1090	938	967	862	867	569	479	447	458	267	375	391
Tianjin Univ	3561	711	499	563	444	421	618	448	307	265	253	138	347	314
tsinghua Univ	8155	1306	1625	1416	1499	1216	963	886	615	699	552	407	377	463
Xiangtan Univ	11478	3061	1977	1446	1653	1355	2631	1363	1325	833	772	412	889	928
Xi An Jiao Tong Univ	11482	2522	1944	1600	1627	1427	1935	1192	1007	884	827	445	833	0
Swiss Fed Inst Technol	13247	2169	1412	1828	1534	1225	1785	1323	930	812	751	418	0	833
Shanghai Jiao Tong Univ	8106	1243	1387	1452	1411	1087	812	819	720	575	653	0	418	445
Sun Yat Sen Univ	12274	2246	2260	2134	2071	1656	1501	1234	1116	909	0	653	751	827
Jilin Univ	12899	2418	2428	1909	2211	1629	1861	1348	1090	0	909	575	812	884
Nankai Univ	15492	3363	2433	2338	2578	2011	2323	1716	0	1090	1116	720	930	1007
Fudan Univ	19658	3481	3476	2633	3337	2526	3034	0	1716	1348	1234	819	1323	1192
E China Univ Sci & Technol	24684	6852	4661	2779	3417	2656	0	3034	2323	1861	1501	812	1785	1935
Wuhan Univ	23115	4118	4300	3959	4169	0	2656	2526	2011	1629	1656	1087	1225	1427
Huaqiao Univ	30087	4730	5258	4674	0	4169	3417	3337	2578	2211	2071	1411	1534	1627
Tsinghua Univ	27836	4459	4450	0	4674	3959	2779	2633	2338	1909	2134	1452	1828	1600
Peking Univ	30506	5749	0	4450	5258	4300	4661	3476	2433	2428	2260	1387	1412	1944
Dalian Univ Technol	32870	0	5749	4459	4730	4118	6852	3481	3363	2418	2246	1243	2169	2522
Chinese Acad Sci	0	32870	30506	27836	30087	23115	24684	19658	15492	12899	12274	8106	13247	11482

续表

	Xiangtan Univ	tsinghua Univ	Tianjin Univ	Nanjing Univ	Hefei Univ Technol	Univ Sci & Technol Beijing
Univ Sci & Technol Beijing	417	364	172	288	294	0
Hefei Univ Technol	455	452	81	258	0	294
Nanjing Univ	363	280	114	0	258	288
Tianjin Univ	306	131	0	114	81	172
tsinghua Univ	428	0	131	280	452	364
Xiangtan Univ	0	428	306	363	455	417
Xi An Jiao Tong Univ	928	463	314	391	477	447
Swiss Fed Inst Technol	889	377	347	375	433	468
Shanghai Jiao Tong Univ	412	407	138	267	425	352
Sun Yat Sen Univ	772	552	253	458	483	632
Jilin Univ	833	699	265	447	632	591
Nankai Univ	1325	615	307	479	640	634
Fudan Univ	1363	886	448	569	934	786
E China Univ Sci & Technol	2631	963	618	867	1051	918
Wuhan Univ	1355	1216	421	862	1055	958
Huaqiao Univ	1653	1499	444	967	1595	1217
Tsinghua Univ	1446	1416	563	938	1235	1253
Peking Univ	1977	1625	499	1090	1590	1439
Dalian Univ Technol	3061	1306	711	1134	1413	1248
Chinese Acad Sci	11478	8155	3561	5876	9571	7362

表2-4 基于文献耦合的DSSC技术SCI论文中国机构关联关系

	Chinese Acad Sci	Dalian Univ Technol	Peking Univ
Univ Sci & Technol Beijing	0.21	0.08	0.25
Hefei Univ Technol	0.36	0.04	0.06
Nanjing Univ	0.20	0.14	0.12
Tianjin Univ	0.22	0.15	0.11
tsinghua Univ	0.23	0.05	0.14
Xiangtan Univ	0.18	0.32	0.09
Xi An Jiao Tong Univ	0.20	0.28	0.12
Swiss Fed Inst Technol	0.45	0.14	0.07
Shanghai Jiao Tong Univ	0.26	0.09	0.13
Sun Yat Sen Univ	0.22	0.15	0.22
Jilin Univ	0.29	0.17	0.21
Nankai Univ	0.33	0.27	0.11
Fudan Univ	0.40	0.23	0.31
E China Univ Sci & Technol	0.25	0.41	0.24
Wuhan Univ	0.30	0.16	0.32
Huaqiao Univ	0.21	0.07	0.09
Tsinghua Univ	0.33	0.14	0.15
Peking Univ	0.33	0.24	0.00
Dalian Univ Technol	0.36	0.00	0.24
Chinese Acad Sci	0.00	0.36	0.33

续表

	Tsinghua Univ	Huaqiao Univ	Wuhan Univ	E China Univ Sci & Technol	Fudan Univ	Nankai Univ	Jilin Univ	Sun Yat Sen Univ	Shanghai Jiao Tong Univ	Swiss Fed Inst Technol	Xi An Jiao Tong Univ	Xiangtan Univ	tsinghua Univ	Tianjin Univ	Nanjing Univ	Hefei Univ Technol	Univ Sci & Technol Beijing
Univ Sci & Technol Beijing	0.15	0.02	0.08	0.09	0.11	0.08	0.12	0.11	0.08	0.12	0.04	0.04	0.07	0.09	0.10	0.02	0.00
Hefei Univ Technol	0.11	0.09	0.05	0.05	0.11	0.05	0.05	0.01	0.10	0.07	0.04	0.02	0.06	0.01	0.04	0.00	0.02
Nanjing Univ	0.15	0.06	0.20	0.11	0.12	0.08	0.13	0.08	0.09	0.09	0.08	0.06	0.06	0.09	0.00	0.04	0.10
Tianjin Univ	0.11	0.04	0.07	0.14	0.15	0.08	0.14	0.13	0.11	0.12	0.16	0.19	0.06	0.00	0.09	0.01	0.09
tsinghua Univ	0.24	0.10	0.20	0.04	0.15	0.06	0.30	0.06	0.12	0.08	0.06	0.02	0.00	0.06	0.06	0.06	0.07
Xiangtan Univ	0.06	0.06	0.08	0.28	0.16	0.22	0.10	0.09	0.03	0.10	0.15	0.00	0.02	0.19	0.06	0.02	0.04
Xi An Jiao Tong Univ	0.10	0.07	0.12	0.17	0.15	0.13	0.22	0.12	0.07	0.09	0.00	0.15	0.06	0.16	0.08	0.04	0.04
Swiss Fed Inst Technol	0.19	0.03	0.07	0.12	0.17	0.08	0.13	0.08	0.08	0.00	0.09	0.10	0.08	0.12	0.09	0.07	0.12
Shanghai Jiao Tong Univ	0.28	0.06	0.13	0.03	0.15	0.15	0.14	0.21	0.00	0.08	0.07	0.03	0.12	0.11	0.09	0.10	0.08
Sun Yat Sen Univ	0.15	0.06	0.14	0.08	0.15	0.12	0.12	0.00	0.21	0.08	0.12	0.09	0.06	0.13	0.08	0.01	0.11
Jilin Univ	0.16	0.08	0.13	0.19	0.17	0.13	0.00	0.12	0.14	0.13	0.22	0.10	0.30	0.14	0.13	0.05	0.12
Nankai Univ	0.14	0.11	0.16	0.17	0.19	0.00	0.13	0.12	0.15	0.08	0.13	0.22	0.06	0.08	0.08	0.05	0.08
Fudan Univ	0.14	0.18	0.27	0.26	0.00	0.19	0.17	0.15	0.15	0.17	0.15	0.16	0.15	0.15	0.12	0.11	0.11
E China Univ Sci & Technol	0.05	0.04	0.06	0.00	0.26	0.17	0.19	0.08	0.03	0.12	0.17	0.28	0.04	0.14	0.11	0.05	0.09
Wuhan Univ	0.22	0.16	0.00	0.06	0.27	0.16	0.13	0.14	0.13	0.07	0.12	0.08	0.20	0.07	0.20	0.05	0.08
Huaqiao Univ	0.09	0.00	0.16	0.04	0.18	0.11	0.08	0.06	0.06	0.03	0.07	0.06	0.10	0.04	0.06	0.09	0.02
Tsinghua Univ	0.00	0.09	0.22	0.05	0.14	0.14	0.16	0.15	0.28	0.19	0.10	0.06	0.24	0.11	0.15	0.11	0.15
Peking Univ	0.15	0.09	0.32	0.24	0.31	0.11	0.21	0.22	0.13	0.07	0.12	0.09	0.14	0.11	0.12	0.06	0.25
Dalian Univ Technol	0.14	0.07	0.16	0.41	0.23	0.27	0.17	0.15	0.09	0.14	0.28	0.32	0.05	0.15	0.14	0.04	0.08
Chinese Acad Sci	0.33	0.21	0.30	0.25	0.40	0.33	0.29	0.22	0.26	0.45	0.20	0.18	0.23	0.22	0.20	0.36	0.21

2.5 科研主体与科研内容关联关系构建

2.5.1 构建思路

在实际的科研关系网络构建与服务需求中，研究者不仅关注科研主体之间、研究内容之间的关联，同时对于科研主体与研究内容之间的关联，也是其关注点之一。例如，在进行科研机构的关联分析中，不但要知道各个机构研究内容的关联性，还要明晰这些机构各自的研究重点、技术优势。为此，一些研究人员将多元统计分析中的对应分析引入科研关联分析中。Dore J C 利用该统计方法对48个国家的18个科研领域的期刊文献进行分析，用以发现各个国家在各领域的科研优势[89]，并应用该方法进一步对专利文献进行分析挖掘[90]。Bhattacharya S 利用该方法研究 INSPEC 数据库中物理学领域1990-1995年间20个主要国家和研究主题间的关联[91]。Anuradha K T 应用该方法对印度在各学科的国际合作中的特点进行分析，揭示印度国际合作中国家与技术领域的关联性[92]，后将该方法与聚类分析结合进行科技文献的分析[93]。Iribarren Maestro I 应用该方法对马德里大学的10个技术领域的科技文献引证和合著的关联性进行揭示[94]。作者结合文本挖掘与对应分析进行通信领域中国专利文献分析，用以挖掘领域内的研究机构与技术领域的关联性[95]。

在关联结果的表示上，基于经典对应分析的关联关系采用二维坐标图进行样本和变量的关联性表示，这种表示存在两方面不足：一是由于对应分析方法本身将多维空间中点的布局压缩到二维空间，导致信息不完备；二是当样本和变量较多时，坐标点之间距离较小，坐标点相互重叠，图形复杂度增加，不易对分析结果进行阅读和理解。本书基于对应分析的方法原理，对方法进行适当的改进，研究实现一个能够全面、准确反映科研主体之间、研究内容之间以及科研主体和研究内容之间关联关系的科研关系网络构建方法。

2.5.2　构建方法

对应分析，也称相应分析，它是在 R 型因子分析和 Q 型因子分析的基础上发展起来的一种多元统计方法。对应分析的实质是将行、列变量的交叉表变换为一张散点图，从而将表格中包含的类别关联信息用各散点空间位置关系的形式表现出来[96]。

该方法采用数据变换：

$$z_{ij} = \frac{x_{ij} - x_{i.}x_{.j} / \sum_{i=1}^{n}\sum_{j=1}^{m} x_{ij}}{\sqrt{x_{i.}x_{.j}}} \quad (i = 1,2\cdots n; j = 1,2\cdots m)$$

使含有 n 个样品 m 个变量的原始数据矩阵 $X = (x)_{n \times m}$ 变成另一个矩阵 $Z = (z)_{n \times m}$，使用 $R = Z'Z$ 分析变量之间关系的协方差矩阵，$Q = ZZ'$ 分析样品之间关系的协方差矩阵，并且 R 与 Q 具有相同的非零特征根 $\lambda_1 \geqslant \lambda_2 \geqslant \ldots \geqslant \lambda_p$，它们相应的特征向量 $U_i = (u_{1i}, u_{2i} \ldots u_{ni})'$ 和 $V_i = (v_{1i}, v_{2i} \ldots v_{ni})'$ 之间也有密切的关系。对协方差矩阵 R、Q 进行分析，分别提取两个最重要的公因子 R_1、R_2 与 Q_1、Q_2。由于采用变换方法的特殊性，使公因子 R_1 与 Q_1，R_2 与 Q_2 本质上是相同的，故可用维度1作为 R_1 与 Q_1 的统一标志，维度2作为 R_2 与 Q_2 的统一标志。各行、列变量在维度1，维度2上的载荷分别为：

$$\begin{pmatrix} u_{11}\sqrt{\lambda_1} & u_{12}\sqrt{\lambda_2} \\ u_{21}\sqrt{\lambda_1} & u_{22}\sqrt{\lambda_2} \\ \vdots & \vdots \\ u_{n1}\sqrt{\lambda_1} & u_{n2}\sqrt{\lambda_2} \end{pmatrix} \begin{pmatrix} v_{11}\sqrt{\lambda_1} & v_{12}\sqrt{\lambda_2} \\ v_{21}\sqrt{\lambda_1} & v_{22}\sqrt{\lambda_2} \\ \vdots & \vdots \\ v_{n1}\sqrt{\lambda_1} & v_{n2}\sqrt{\lambda_2} \end{pmatrix}$$

在同一坐标系中做出因子平面点聚图，这样便于考察变量与样品之间的关系。利用SPSS统计软件很快就会得到分析结果。

对应分析将样本信息与变量信息统一起来，以二维坐标图中的点及其距离来分析样本之间、变量之间以及样本和变量之间的关联性。本书在科研主体与研究内容的关联关系构建上，将科研主体作为样本信息，研究内容作为变量信息；采用对应分析法将其映射为多维空间中的点；以适当的变换将点的距离值转化为点的关联度；进而，结合可视化技术进行关联结果的表示。

2.5.3 构建过程

（1）计算科研主体与研究内容的同现频数矩阵。

基于对应分析方法进行算法改进，首先构建科研主体和研究内容（技术类别或技术关键词）之间的同现频数矩阵 $X = (x)_{n \times m}$。

（2）映射科研主体与研究内容变量为多维空间中的点。

利用变换

$$z_{ij} = \frac{x_{ij} - x_{i.}x_{.j} / \sum_{i=1}^{n} \sum_{j=1}^{m} x_{ij}}{\sqrt{x_{i.}x_{.j}}} \quad (i = 1, 2 \cdots n; j = 1, 2 \cdots m)$$

进行矩阵变换，得到矩阵 $Z = (z)_{n \times m}$，计算得到非零特征值 $\lambda_1 \geq \lambda_2 \geq \cdots \geq \lambda_p$ 及其对应的特征向量，进而得到科研主体变量和研究内容变量在特征向量上的载荷矩阵

$$\begin{pmatrix} u_{11}\sqrt{\lambda_1} & u_{12}\sqrt{\lambda_2} & \cdots & u_{1p}\sqrt{\lambda_p} \\ u_{21}\sqrt{\lambda_1} & u_{22}\sqrt{\lambda_2} & \cdots & u_{2p}\sqrt{\lambda_p} \\ \vdots & \vdots & & \vdots \\ u_{n1}\sqrt{\lambda_1} & u_{n2}\sqrt{\lambda_2} & \cdots & u_{np}\sqrt{\lambda_p} \end{pmatrix} \begin{pmatrix} v_{11}\sqrt{\lambda_1} & v_{12}\sqrt{\lambda_2} & \cdots & v_{1p}\sqrt{\lambda_p} \\ v_{21}\sqrt{\lambda_1} & v_{22}\sqrt{\lambda_2} & \cdots & v_{2p}\sqrt{\lambda_p} \\ \vdots & \vdots & & \vdots \\ v_{n1}\sqrt{\lambda_1} & v_{n2}\sqrt{\lambda_2} & \cdots & v_{np}\sqrt{\lambda_p} \end{pmatrix}$$

以载荷矩阵作为科研主体变量和研究内容变量在多维空间中的坐标。

（3）将多维空间中点的坐标距离转换为点的关联度，构建关联矩阵。

利用坐标计算各个变量之间的距离，得到距离矩阵 $D = (d)_{(n+m) \times (n+m)}$，用 $1-d_{ij}$ 表示主体变量或内容变量 i、j 之间的关联数值，完成关联度的计算。

以上计算过程与经典对应分析不同之处在于：对应分析选择载荷矩阵的前 2 列或 3 列作为二维或三维空间中点的坐标，并以这些列对应的特征值和与所有特征值和的比值——累计贡献率，作为结果可信的评价指标。一般情况下，累计贡献率小于 1，随着累计贡献率的降低，分析结果可信度降低。本书则选择载荷矩阵的所有列作为 P 维空间点的坐标，累计贡献率为 1。

2.5.4 构建示例

选择图书情报与数字图书馆学科 2002—2011 这 10 年与知识图谱和知识可视化相关的核心期刊论文共 342 篇，对这些论文中数量排名前 30 的机构和关键词应用本书构建的关联可视化分析方法，揭示这些研究机构之间、关键词之间、以及研究机构和关键词之间的关联关系，如表 2-5 所示。构建结果作为下一章科研主体与科研内容关联关系可视化示例的数据基础。

2.6 科研主体年代引证关系构建

2.6.1 构建思路

文献引证信息的分析在所有的情报分析方法中占有非常重要的地位，除了依据引文进行科研主体关联关系揭示外，在情报分析领域中有诸多其他方面的应用。通过文献的被引证数量统计可以发现特定技术领域中重要核心文献的分布，进而开展科技成果评价；通过跟踪文献的被引证信息可以发现竞争对手和潜在竞争对手及其技术研发策略；通过回溯文献的引证信息可以揭示文献的初始思想来源；通过文献间引证与被引证信息的综合可以揭示文献间相互联系、相互影响与相互促进的关系；通过分析引证文献和被引证文献所解决的科学问题与创新性可以揭示特定技术或主题内的知识流动、扩散与融合的路径。

表2-5 知识图谱与知识可视化中文期刊论文机构与研究内容关联

机构	武汉大学信息管理学院	武汉大学信息资源研究中心	中国科学院国家科学图书馆	浙江树人大学科学计量学研究中心	南京大学信息管理系	北京师范大学管理学院	中国科学院研究生院	武汉大学科学评价研究中心	大连理工大学21世纪发展研究中心	中国科学技术信息研究所	江苏大学科技信息研究所	武汉大学中国科学评价研究中心	大连理工大学WISE实验室	中国科学院国家科学图书馆兰州分馆	嘉兴学院图书馆	……	知识组织	citespace	竞争情报	cssci	知识管理	研究前沿	图书情报学	知识地图	人机交互	可视化技术	文献计量学	图书馆	聚类	可视化图谱	多维尺度分析
武汉大学信息管理学院	1.00	0.51	0.32	0.44	0.38	0.26	0.34	0.62	0.36	0.46	0.51	0.54	0.43	0.43	0.36	……		0.46	0.57	0.38	0.40	0.55	0.47	0.49	0.39	0.39	0.49	0.58	0.57	0.55	0.44
武汉大学信息资源研究中心	0.51	1.00	0.43	0.57	0.53	0.33	0.41	0.66	0.46	0.58	0.61	0.52	0.49	0.55	0.45	……		0.56	0.53	0.43	0.45	0.43	0.55	0.41	0.48	0.47	0.56	0.70	0.55	0.52	0.55
中国科学院国家科学图书馆	0.32	0.43	1.00	0.42	0.46	0.35	0.69	0.38	0.34	0.51	0.39	0.41	0.42	0.45	0.40	……	0.44	0.55	0.43	0.42	0.50	0.60	0.54	0.25	0.28	0.23	0.57	0.58	0.41	0.36	0.52

续表

	浙江树人大学科学计量学研究中心	南京大学信息管理系	北京师范大学管理学院	中国科学院研究生院	武汉大学科学评价研究中心
多维尺度分析	0.65	0.53	0.51	0.54	0.54
可视化图谱	0.52	0.49	0.28	0.36	0.52
聚类	0.49	0.58	0.45	0.59	0.63
图书馆	0.69	0.65	0.48	0.59	0.68
文献计量学	0.66	0.54	0.45	0.56	0.58
可视化技术	0.44	0.34	0.16	0.29	0.45
人机交互	0.55	0.40	0.20	0.43	0.49
知识地图	0.43	0.36	0.45	0.37	0.43
图书情报学	0.52	0.52	0.48	0.55	0.55
研究前沿	0.51	0.44	0.43	0.59	0.50
知识管理	0.49	0.45	0.48	0.49	0.46
cssci	0.48	0.60	0.26	0.42	0.42
竞争情报	0.40	0.33	0.16	0.48	0.47
citespace	0.63	0.51	0.40	0.55	0.58
知识组织	0.57	0.69	0.43	0.40	0.54
……	……	……	……	……	……
嘉兴学院图书馆	0.49	0.47	0.47	0.43	0.41
中国科学院国家科学图书馆兰州分馆	0.49	0.42	0.30	0.57	0.47
大连理工大学WISE实验室	0.52	0.42	0.35	0.42	0.50
武汉大学中国科学评价研究中心	0.47	0.51	0.36	0.41	0.59
江苏大学科技信息研究所	0.61	0.51	0.32	0.43	0.56
中国科学技术信息研究所	0.59	0.50	0.46	0.54	0.57
大连理工大学21世纪发展研究中心	0.51	0.54	0.29	0.35	0.45
武汉大学科学评价研究中心	0.53	0.48	0.32	0.39	1.00
中国科学院研究生院	0.47	0.41	0.35	1.00	0.39
北京师范大学管理学院	0.37	0.37	1.00	0.35	0.32
南京大学信息管理系	0.50	1.00	0.37	0.41	0.48
浙江树人大学科学计量学研究中心	1.00	0.37	0.37	0.47	0.53
中国科学院国家科学图书馆	0.42	0.35	0.35	0.69	0.38
武汉大学信息资源研究中心	0.57	0.53	0.33	0.41	0.66
武汉大学信息管理学院	0.44	0.38	0.26	0.34	0.62

续表

	多维尺度分析	可视化图谱	聚类	图书馆	文献计量学	可视化技术	人机交互	知识地图	图书情报学	研究前沿	知识管理	cssci	竞争情报	citespace	知识组织	……	嘉兴学院图书馆	中国科学院国家科学图书馆兰州分馆	大连理工大学WISE实验室	武汉大学中国科学评价研究中心	江苏大学科技信息研究所	中国科学技术信息研究所	大连理工大学21世纪发展研究中心	武汉大学科学评价研究中心	中国科学院研究生院	北京师范大学管理学院	南京大学信息管理系	浙江树人大学科学计量学研究中心	中国科学院国家科学图书馆	武汉大学信息资源研究中心	武汉大学信息管理学院
大连理工大学21世纪发展研究中心	0.47	0.56	0.42	0.58	0.51	0.51	0.48	0.32	0.50	0.44	0.43	0.47	0.27	0.53	0.48	……	0.39	0.37	0.53	0.40	0.42	0.52	1.00	0.45	0.35	0.29	0.54	0.51	0.34	0.46	0.36
中国科学技术信息研究所	0.68	0.49	0.59	0.75	0.69	0.55	0.43	0.54	0.62	0.61	0.54	0.50	0.51	0.63	0.58	……	0.54	0.56	0.59	0.58	0.55	1.00	0.52	0.57	0.54	0.46	0.50	0.59	0.51	0.58	0.46
江苏大学科技信息研究所	0.61	0.55	0.64	0.67	0.60	0.41	0.50	0.40	0.52	0.46	0.44	0.48	0.42	0.56	0.55	……	0.43	0.47	0.46	0.54	1.00	0.55	0.42	0.56	0.43	0.32	0.51	0.61	0.39	0.61	0.51
武汉大学中国科学评价研究中心	0.63	0.50	0.67	0.67	0.58	0.43	0.40	0.48	0.65	0.55	0.47	0.49	0.45	0.58	0.60	……	0.49	0.49	0.46	1.00	0.54	0.40	0.59	0.59	0.41	0.36	0.51	0.47	0.41	0.54	0.54
大连理工大学WISE实验室	0.59	0.44	0.47	0.63	0.64	0.57	0.46	0.35	0.58	0.58	0.54	0.49	0.27	0.60	0.43	……	0.43	0.42	1.00	0.46	0.46	0.59	0.53	0.50	0.42	0.35	0.42	0.52	0.42	0.49	0.43

续表

	多维尺度分析	可视化图谱	聚类	图书馆	文献计量学	可视化技术	人机交互	知识地图	图书情报学	研究前沿	知识管理	cssci	竞争情报	citespace	知识组织	……	嘉兴学院图书馆	中国科学院国家科学图书馆兰州分馆	大连理工大学WISE实验室	武汉大学中国科学评价研究中心	江苏大学科技信息研究所	中国科学技术信息研究所	大连理工大学21世纪发展研究中心	武汉大学科学评价研究中心	中国科学院研究生院	北京师范大学管理学院	南京大学信息管理系	浙江树人大学科学计量学研究中心	中国科学院国家科学图书馆	武汉大学信息资源研究中心	武汉大学信息管理学院
中国科学院国家科学图书馆兰州分馆	0.54	0.46	0.42	0.63	0.54	0.45	0.49	0.42	0.57	0.47	0.45	0.44	0.51	0.52	0.45	……	0.44	1.00	0.49	0.49	0.56	0.56	0.37	0.47	0.57	0.30	0.42	0.49	0.45	0.55	0.43
嘉兴学院图书馆	0.53	0.48	0.49	0.59	0.60	0.27	0.28	0.61	0.49	0.46	0.41	0.52	0.26	0.52	0.44	……	1.00	0.44	0.42	0.43	0.47	0.54	0.39	0.41	0.43	0.47	0.47	0.49	0.40	0.45	0.36
……	……	……	……	……	……	……	……	……	……	……	……	……	……	……	……	……	……	……	……	……	……	……	……	……	……	……	……	……	……	……	……
知识组织	0.61	0.48	0.62	0.68	0.59	0.40	0.41	0.40	0.55	0.51	0.49	0.51	0.38	0.56	1.00	……	0.44	0.45	0.43	0.60	0.55	0.58	0.48	0.54	0.55	0.43	0.69	0.57	0.44	0.56	0.46
cites-pace	0.68	0.63	0.56	0.75	0.72	0.43	0.45	0.44	0.64	0.70	0.60	0.50	0.44	1.00	0.56	……	0.52	0.52	0.60	0.58	0.56	0.63	0.53	0.58	0.40	0.40	0.51	0.63	0.55	0.53	0.57
竞争情报	0.43	0.36	0.39	0.51	0.45	0.29	0.33	0.29	0.45	0.41	0.36	0.34	1.00	0.44	0.38	……	0.26	0.51	0.27	0.45	0.42	0.51	0.27	0.47	0.48	0.16	0.33	0.40	0.43	0.43	0.38
cssci	0.50	0.53	0.46	0.61	0.60	0.36	0.36	0.36	0.49	0.44	0.44	1.00	0.34	0.50	0.51	……	0.52	0.44	0.49	0.49	0.48	0.50	0.47	0.42	0.42	0.26	0.60	0.48	0.42	0.45	0.40
知识管理	0.59	0.46	0.49	0.64	0.60	0.38	0.39	0.38	0.59	0.63	1.00	0.44	0.36	0.60	0.49	……	0.41	0.45	0.54	0.47	0.44	0.54	0.43	0.46	0.48	0.48	0.45	0.49	0.50	0.43	0.55
研究前沿	0.69	0.46	0.50	0.68	0.73	0.39	0.39	0.39	0.67	1.00	0.63	0.44	0.41	0.70	0.51	……	0.46	0.47	0.58	0.55	0.46	0.61	0.44	0.50	0.59	0.43	0.44	0.51	0.60	0.43	0.47

续表

	图书情报学	知识地图	人机交互	可视化技术	文献计量学	图书馆	聚类	可视化图谱	多维尺度分析
多维尺度分析	0.72	0.49	0.45	0.44	0.76	0.76	0.56	0.52	1.00
可视化图谱	0.51	0.38	0.38	0.37	0.57	0.63	0.48	1.00	0.52
聚类	0.55	0.49	0.41	0.40	0.58	0.67	1.00	0.48	0.56
图书馆	0.73	0.53	0.46	0.51	0.80	1.00	0.67	0.63	0.76
文献计量学	0.65	0.45	0.46	0.45	1.00	0.80	0.58	0.57	0.76
可视化技术	0.43	0.31	0.53	1.00	0.45	0.51	0.40	0.37	0.44
人机交互	0.44	0.32	1.00	0.53	0.46	0.54	0.41	0.38	0.45
知识地图	0.50	1.00	0.32	0.31	0.45	0.53	0.49	0.38	0.49
图书情报学	1.00	0.50	0.44	0.43	0.65	0.73	0.55	0.51	0.72
研究前沿	0.67	0.39	0.39	0.39	0.73	0.68	0.49	0.50	0.69
知识管理	0.59	0.38	0.39	0.38	0.60	0.64	0.49	0.46	0.59
cssci	0.49	0.36	0.36	0.36	0.60	0.61	0.46	0.53	0.50
竞争情报	0.45	0.29	0.33	0.29	0.45	0.51	0.39	0.36	0.43
citespace	0.64	0.44	0.45	0.43	0.72	0.75	0.56	0.63	0.68
知识组织	0.55	0.40	0.41	0.40	0.59	0.68	0.62	0.48	0.61
……	……	……	……	……	……	……	……	……	……
嘉兴学院图书馆	0.49	0.61	0.28	0.27	0.60	0.59	0.49	0.48	0.53
中国科学院国家科学图书馆兰州分馆	0.57	0.42	0.46	0.45	0.54	0.63	0.42	0.46	0.54
大连理工大学WISE实验室	0.58	0.35	0.46	0.57	0.64	0.63	0.47	0.44	0.59
武汉大学中国科学评价研究中心	0.65	0.48	0.40	0.43	0.58	0.67	0.67	0.50	0.63
江苏大学科技信息研究所	0.52	0.40	0.50	0.41	0.60	0.67	0.59	0.55	0.61
中国科学技术信息研究所	0.62	0.54	0.43	0.55	0.69	0.75	0.59	0.49	0.68
大连理工大学21世纪发展研究中心	0.50	0.32	0.48	0.51	0.51	0.58	0.42	0.56	0.47
武汉大学科学评价研究中心	0.55	0.43	0.49	0.45	0.58	0.68	0.63	0.52	0.54
中国科学院研究生院	0.48	0.37	0.40	0.16	0.56	0.59	0.40	0.36	0.54
北京师范大学管理学院	0.45	0.40	0.20	0.16	0.45	0.48	0.45	0.28	0.51
南京大学信息管理系	0.52	0.36	0.55	0.34	0.54	0.65	0.58	0.49	0.53
浙江树人大学科学计量学研究中心	0.52	0.43	0.28	0.44	0.66	0.69	0.49	0.52	0.65
中国科学院国家科学图书馆	0.54	0.25	0.48	0.23	0.57	0.58	0.41	0.36	0.52
武汉大学信息资源研究中心	0.55	0.41	0.48	0.47	0.56	0.70	0.55	0.52	0.55
武汉大学信息管理学院	0.49	0.39	0.39	0.39	0.49	0.58	0.57	0.55	0.44

　　然而，随着文献资源的增加，文献引证记录急速膨胀。在这种情况下，很难再从文献间的引证关系探寻整体的技术或主题演化。以本书染敏太阳能电池技术SCI文献为例，这1368篇文献中，文献间的引证关系记录达到4202条。无论是用表格还是可视化图形都很难清晰地表示这些引证关系。对这一千多件文献进行网络可视化，在可视化图形计算过程中消耗大量的时间，可视化结果因为节点和连线过多而变得难以理解，更难以对技术演化进行揭示。

　　为了在海量文献情况下，依据文献引证关系进行技术或主题的跟踪，监测技术或主题的发展变化，本研究提出从科研主体年代间进行引文关系的构建。这样，不但降低了引证关系计算的规模，便于理解可视化结果。而且，使用户快速地获知各个年代之间技术或主题在科研主体间的相互引证关系，从而达到对技术或主题演化路径跟踪的目的。

2.6.2　构建方法

　　研究采用文本分析和引文分析相结合的方法。应用文本分析挖掘特定时间周期内特定主体的技术或主题的文本特征表示，应用文献间的引证关系构建科研主体×年代之间的引证关系，揭示技术或主题在不同年代、不同主体之间知识走向，进而实现对技术或主题进行跟踪的目的。

2.6.3　构建过程

　　本书在进行科研主体引证关系的构建过程中，将科研主体与文献发表时间、文献间的引证关系、文献文本特征整合起来，建立科研主体×年代之间的引证关系结构。这种引证关系的构建好处在于：融入引证的年代信息，方便的获取"甲在某一年引用了乙在某一年发表的论文，引用数量为……，且当年的文献技术或主题为……"，从而有利于对学术研究进行技术或主题的跟踪。具体的构建流程如图2-4所示。

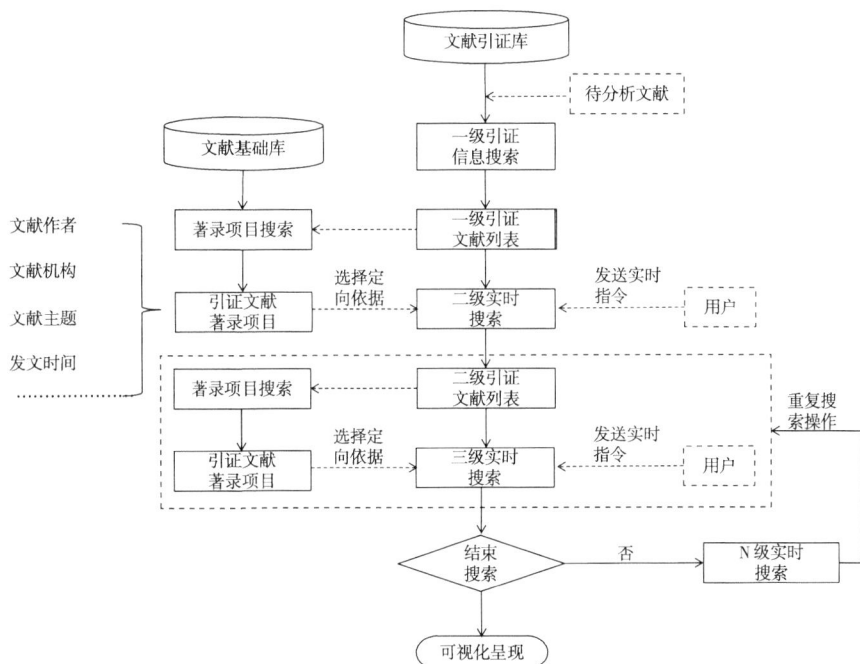

图2-4 科研主体年代引证关系构建流程

（1）确定引文数据跟踪的时间周期。

依据引文对技术或主题的演化路径进行跟踪揭示，首先需要根据需求确定跟踪的时间周期。可以按照月、季度、年甚至若干年进行跟踪，这取决于用户的关注特征、技术或主题的发展历史、有效引文数据的时间范围等。本研究选择以年作为跟踪的周期，体现对引文数据利用的充分性、有效性和时效性。

（2）文献归类。

把具有相同的科研主体和同一时间周期内发表的文献归为一类，每个类别表示为"科研主体×年代"。

（3）计算每个类别间的引证数量，构建类别间的引证关系矩阵。

计算每一个类别下文献被其他类别下文献引用的数量和作为这一类的被引用数量，图2-5所示为类别间的引证关系构建示意。

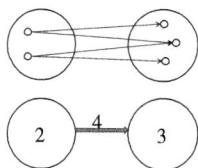

图2-5 科研主体年代引证关系构建示意

构建类别之间的引证关系矩阵 X：

$$X = \begin{bmatrix} & c_1 & c_2 & c_3 & \cdots & c_j & \cdots & c_m \\ c_1 & e_{11} & e_{12} & e_{13} & \cdots & e_{1j} & \cdots & e_{1m} \\ c_2 & e_{21} & e_{22} & e_{23} & \cdots & e_{2j} & \cdots & e_{2m} \\ c_3 & e_{31} & e_{32} & e_{33} & \cdots & e_{3j} & \cdots & e_{3m} \\ \vdots & \vdots & \vdots & \vdots & & \vdots & & \vdots \\ c_j & e_{j1} & e_{j2} & e_{j3} & \cdots & e_{jj} & \cdots & e_{jm} \\ \vdots & \vdots & \vdots & \vdots & & \vdots & & \vdots \\ c_m & e_{m1} & e_{m2} & e_{m3} & \cdots & e_{mj} & \cdots & e_{mm} \end{bmatrix}$$

其中，c_i 为类别，e_{ij} 表示类别 i 下所有文献引用了类别 j 所有文献的引用数量和。需要指出的是，这种计算方法会出现两个类别相互引用数量都不为0的情况，而且时间周期跨度越长，出现这种情况的概率越大。本研究选择一年为周期，仍然会存在这种情况，本研究在基于该矩阵进行可视化时，对这种情况作了技术上的处理，见本书"科研主体引证关系可视化"一节。

（4）抽取每个类别的技术或主题特征词，完善类别间的引证关系矩阵。

应用本书"基于文本的科研主体关联关系构建"的研究方式，从文本的角度抽取出每个类别的技术或主题特征词，即科研主体在指定时间周期内的技术或主题，作为每个类别的附加信息，构建类别间的引证关系矩阵如下。

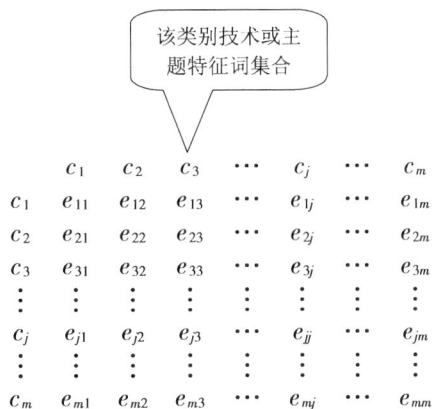

该类别技术或主题特征词集合

$$
\begin{array}{ccccccc}
 & c_1 & c_2 & c_3 & \cdots & c_j & \cdots & c_m \\
c_1 & e_{11} & e_{12} & e_{13} & \cdots & e_{1j} & \cdots & e_{1m} \\
c_2 & e_{21} & e_{22} & e_{23} & \cdots & e_{2j} & \cdots & e_{2m} \\
c_3 & e_{31} & e_{32} & e_{33} & \cdots & e_{3j} & \cdots & e_{3m} \\
\vdots & \vdots & \vdots & \vdots & \vdots & \vdots & \vdots & \vdots \\
c_j & e_{j1} & e_{j2} & e_{j3} & \cdots & e_{jj} & \cdots & e_{jm} \\
\vdots & \vdots & \vdots & \vdots & \vdots & \vdots & \vdots & \vdots \\
c_m & e_{m1} & e_{m2} & e_{m3} & \cdots & e_{mj} & \cdots & e_{mm}
\end{array}
$$

2.6.4 构建示例

同样选取第三代太阳能电池技术SCI论文数据库中发文数量排序前5位的科研机构之间的引证数据构建机构年代引证关系，构建结果如表2-6、表2-7所示。这5个机构的发文量为738，占国内该领域SCI论文的54%。构建结果作为下一章科研主体年代引证关系可视化示例的数据基础。

表2-6 DSSC技术SCI论文年代引证关系

	2011	2010	2009	2008	2007	2006	2005	2004	2003	2002	2001	2000	1999	1998	1997	1996
2011	0	549	407	376	192	74	75	32	22	15	9	8	4	5	0	0
2010	549	0	214	312	181	53	67	28	24	8	10	2	1	4	1	0
2009	407	214	0	200	140	56	43	12	20	5	7	3	0	1	0	0
2008	376	312	200	0	121	64	57	20	25	5	9	9	0	3	0	0
2007	192	181	140	121	0	64	65	21	16	3	6	12	2	4	0	1

续表

	2011	2010	2009	2008	2007	2006	2005	2004	2003	2002	2001	2000	1999	1998	1997	1996
2006	74	53	56	64	64	0	28	15	9	5	6	9	1	3	0	0
2005	75	67	43	57	65	28	0	9	9	6	6	6	2	2	0	0
2004	32	28	12	20	21	15	9	0	11	4	6	1	0	0	0	0
2003	22	24	20	25	16	9	9	11	0	4	6	3	0	1	0	0
2002	15	8	5	5	3	5	6	4	4	0	5	4	1	0	0	0
2001	9	10	7	9	6	6	6	6	6	5	0	4	0	0	0	0
2000	8	2	3	9	12	9	6	1	3	4	4	0	0	0	1	0
1999	4	1	0	0	2	1	2	0	0	1	0	0	0	1	0	0
1998	5	4	1	3	4	3	2	0	1	0	0	0	1	0	0	0
1997	0	1	0	0	0	0	0	0	0	0	0	1	0	0	0	0
1996	0	0	0	0	1	0	0	0	0	0	0	0	0	0	0	0

表2-7 DSSC技术SCI论文中国机构年代引证关系

	Chinese Acad Sci (2011)	Dalian Univ Technol (2011)	Chinese Acad Sci (2010)	Dalian Univ Technol (2010)	Peking Univ (2011)	Tsinghua Univ (2011)	Tsinghua Univ (2010)	Chinese Acad Sci (2009)
Huaqiao Univ (2004)	0	0	2	0	0	0	0	0
Peking Univ (1999)	0	0	0	0	0	0	0	0
Peking Univ (1998)	0	0	0	0	0	0	0	0
Peking Univ (2000)	0	1	0	1	0	0	0	1
Tsinghua Univ (2006)	0	0	0	0	0	0	0	0
Dalian Univ Technol (2005)	0	0	0	0	0	0	0	0
Dalian Univ Technol (2008)	2	6	1	6	0	0	0	3
Huaqiao Univ (2006)	4	1	1	0	0	0	0	0
Chinese Acad Sci (1998)	3	0	1	0	0	1	0	0
Peking Univ (2005)	0	0	2	0	1	1	0	0
Chinese Acad Sci (1999)	1	0	0	0	3	0	0	0
Peking Univ (2001)	1	0	1	0	3	0	1	0
Chinese Acad Sci (2000)	0	0	1	0	0	0	0	0
Peking Univ (2002)	2	0	1	0	0	0	0	0
Peking Univ (2004)	0	0	0	0	0	0	0	0
Peking Univ (2006)	0	0	0	0	0	0	0	1
……	⋮	⋮	⋮	⋮	⋮	⋮	⋮	⋮
Chinese Acad Sci (2007)	14	2	23	1	2	3	1	16
Tsinghua Univ (2009)	1	3	1	0	0	10	5	0
Dalian Univ Technol (2009)	4	11	6	7	1	4	0	0
Chinese Acad Sci (2008)	47	7	54	6	3	3	5	52
Huaqiao Univ (2010)	3	0	1	0	0	0	0	2
Huaqiao Univ (2011)	0	1	0	1	0	0	1	2
Peking Univ (2010)	1	0	0	0	2	2	0	1
Chinese Acad Sci (2009)	66	7	40	1	3	5	3	0
Tsinghua Univ (2010)	2	4	1	0	0	14	0	3
Tsinghua Univ (2011)	1	0	5	1	0	0	14	5
Peking Univ (2011)	1	0	7	1	0	0	0	3
Dalian Univ Technol (2010)	3	17	1	0	1	1	0	1
Chinese Acad Sci (2010)	99	18	0	1	7	5	1	40
Dalian Univ Technol (2011)	8	0	18	17	0	0	4	7
Chinese Acad Sci (2011)	0	8	99	3	1	1	2	66

续表

	Peking Univ (2010)	Huaqiao Univ (2011)	Huaqiao Univ (2010)	Chinese Acad Sci (2008)	Dalian Univ Technol (2009)	Tsinghua Univ (2009)	Chinese Acad Sci (2007)	......	Peking Univ (2006)
Huaqiao Univ (2004)	0	2	0	0	0	0	0	⋮	0
Peking Univ (1999)	0	0	0	0	0	0	0	⋮	0
Peking Univ (1998)	0	0	0	0	0	0	0	⋮	0
Peking Univ (2000)	0	0	0	1	0	0	1	⋮	1
Tsinghua Univ (2006)	0	0	0	0	0	0	0	⋮	0
Dalian Univ Technol (2005)	0	0	0	0	1	0	0	⋮	0
Dalian Univ Technol (2008)	0	0	0	0	5	0	0	⋮	0
Huaqiao Univ (2006)	0	3	7	2	0	0	1	⋮	0
Chinese Acad Sci (1998)	0	0	1	2	1	0	4	⋮	0
Peking Univ (2005)	0	0	0	0	1	0	2	⋮	0
Chinese Acad Sci (1999)	0	0	0	0	0	0	0	⋮	0
Peking Univ (2001)	0	0	2	1	1	0	0	⋮	2
Chinese Acad Sci (2000)	0	0	0	0	0	0	0	⋮	1
Peking Univ (2002)	1	0	1	1	0	1	0	⋮	2
Peking Univ (2004)	0	0	0	0	0	0	0	⋮	0
Peking Univ (2006)	0	0	0	1	0	0	1	⋮	0
......	⋮	⋮	⋮	⋮	⋮	⋮	⋮	⋮	⋮
Chinese Acad Sci (2007)	3	2	3	15	1	1	0	⋮	1
Tsinghua Univ (2009)	0	0	0	2	0	0	1	⋮	0
Dalian Univ Technol (2009)	0	0	0	4	0	0	1	⋮	0
Chinese Acad Sci (2008)	1	0	1	0	4	2	15	⋮	1
Huaqiao Univ (2010)	0	11	0	1	0	0	3	⋮	0
Huaqiao Univ (2011)	0	0	11	0	0	0	2	⋮	0
Peking Univ (2010)	0	0	0	1	0	0	3	⋮	0
Chinese Acad Sci (2009)	1	2	2	52	0	0	16	⋮	1
Tsinghua Univ (2010)	0	1	0	5	0	5	1	⋮	0
Tsinghua Univ (2011)	2	0	0	3	4	10	3	⋮	0
Peking Univ (2011)	2	0	0	3	1	0	2	⋮	0
Dalian Univ Technol (2010)	0	1	0	6	7	0	1	⋮	0
Chinese Acad Sci (2010)	0	0	1	54	6	1	23	⋮	0
Dalian Univ Technol (2011)	0	1	0	7	11	3	2	⋮	0
Chinese Acad Sci (2011)	1	0	3	47	4	1	14	⋮	0

续表

	Peking Univ (2004)	Peking Univ (2002)	Chinese Acad Sci (2000)	Peking Univ (2001)	Chinese Acad Sci (1999)	Peking Univ (2005)	Chinese Acad Sci (1998)	Huaqiao Univ (2006)	Dalian Univ Technol (2008)
Huaqiao Univ (2004)	0	0	0	0	0	0	0	1	0
Peking Univ (1999)	0	0	0	0	0	0	0	0	0
Peking Univ (1998)	0	0	0	0	0	0	0	0	0
Peking Univ (2000)	0	4	0	2	0	3	0	0	0
Tsinghua Univ (2006)	0	1	0	0	0	0	0	0	0
Dalian Univ Technol (2005)	0	0	0	0	0	0	0	0	0
Dalian Univ Technol (2008)	0	0	0	0	0	0	0	0	0
Huaqiao Univ (2006)	0	0	0	0	0	0	0	1	0
Chinese Acad Sci (1998)	0	0	0	0	0	0	0	1	0
Peking Univ (2005)	0	1	0	1	1	0	0	0	0
Chinese Acad Sci (1999)	0	1	0	0	0	1	0	0	0
Peking Univ (2001)	2	5	1	0	0	1	0	0	0
Chinese Acad Sci (2000)	0	1	0	1	0	0	0	0	0
Peking Univ (2002)	1	0	1	5	1	1	0	0	0
Peking Univ (2004)	0	1	0	2	0	0	0	0	0
Peking Univ (2006)	0	2	1	2	0	0	0	0	0
……	⋮	⋮	⋮	⋮	⋮	⋮	⋮	⋮	⋮
Chinese Acad Sci (2007)	0	0	0	0	0	2	4	1	0
Tsinghua Univ (2009)	0	1	0	0	0	0	0	0	0
Dalian Univ Technol (2009)	0	0	0	1	0	1	1	0	5
Chinese Acad Sci (2008)	0	1	0	1	0	0	2	2	0
Huaqiao Univ (2010)	0	1	0	2	0	0	1	7	0
Huaqiao Univ (2011)	0	0	0	0	0	0	0	3	0
Peking Univ (2010)	0	1	0	0	0	0	0	0	0
Chinese Acad Sci (2009)	0	0	0	0	0	0	0	0	3
Tsinghua Univ (2010)	0	0	0	1	0	0	0	0	0
Tsinghua Univ (2011)	0	0	0	0	0	1	0	0	0
Peking Univ (2011)	0	0	0	3	0	1	0	0	0
Dalian Univ Technol (2010)	0	0	0	0	0	0	0	0	6
Chinese Acad Sci (2010)	0	1	0	1	0	2	1	1	1
Dalian Univ Technol (2011)	0	0	0	0	0	0	0	1	6
Chinese Acad Sci (2011)	0	2	0	1	1	0	3	4	2

续表

	Dalian Univ Technol (2005)	Tsinghua Univ (2006)	Peking Univ (2000)	Peking Univ (1998)	Peking Univ (1999)	Huaqiao Univ (2004)
Huaqiao Univ (2004)	○	○	○	○	○	○
Peking Univ (1999)	○	○	○	1	○	○
Peking Univ (1998)	○	○	○	○	1	○
Peking Univ (2000)	○	1	○	○	○	○
Tsinghua Univ (2006)	○	○	1	○	○	○
Dalian Univ Technol (2005)	○	○	○	○	○	○
Dalian Univ Technol (2008)	○	○	○	○	○	○
Huaqiao Univ (2006)	○	○	○	○	○	1
Chinese Acad Sci (1998)	○	○	○	○	○	○
Peking Univ (2005)	○	○	3	○	○	○
Chinese Acad Sci (1999)	○	○	○	○	○	○
Peking Univ (2001)	○	○	2	○	○	○
Chinese Acad Sci (2000)	○	○	○	○	○	○
Peking Univ (2002)	○	1	4	○	○	○
Peking Univ (2004)	○	○	○	○	○	○
Peking Univ (2006)	○	○	1	○	○	○
……	⋮	⋮	⋮	⋮	⋮	⋮
Chinese Acad Sci (2007)	○	○	1	○	○	○
Tsinghua Univ (2009)	○	○	○	○	○	○
Dalian Univ Technol (2009)	1	○	○	○	○	○
Chinese Acad Sci (2008)	○	○	1	○	○	○
Huaqiao Univ (2010)	○	○	○	○	○	○
Huaqiao Univ (2011)	○	○	○	○	○	2
Peking Univ (2010)	○	○	○	○	○	○
Chinese Acad Sci (2009)	○	○	1	○	○	○
Tsinghua Univ (2010)	○	○	○	○	○	○
Tsinghua Univ (2011)	○	○	○	○	○	○
Peking Univ (2011)	○	○	○	○	○	○
Dalian Univ Technol (2010)	○	○	1	○	○	○
Chinese Acad Sci (2010)	○	○	○	○	○	2
Dalian Univ Technol (2011)	○	○	1	○	○	○
Chinese Acad Sci (2011)	○	○	○	○	○	○

3 科研关系网络可视化技术

3.1 科研关系网络可视化技术框架

在科研关系网络可视化技术研究方面，本书在对现有的层次结构信息可视化技术、网络结构信息可视化技术和热力图可视化技术充分理解和分析基础上，应用这些技术对科研关系的构建结果进行可视化表示，研究内容涉及可视化技术应用、各种科研关系的可视化空间映射、可视化图形渲染和可视化结果用户交互等。图3-1所示为本书的科研关系网络可视化技术框架。

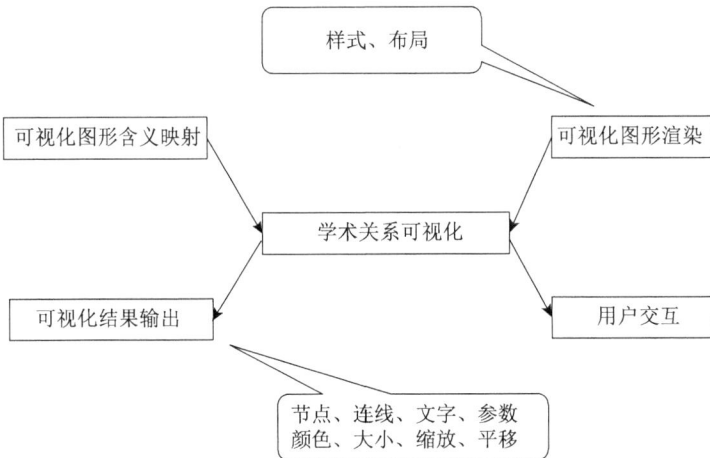

图3-1 科研关系网络可视化技术框架

3.2　网络结构信息可视化技术

信息可视化就是利用计算机支撑的、交互的、对抽象数据的可视表示，来增强人们对这些抽象信息的认识[97]。其内涵是将数据通过图形化、地理化形象真实地表现出来并且找到数据背后蕴含的信息。信息可视化相关技术能够实现对信息数据的分析和提取，然后以图形、图像、虚拟现实等易为人们所认识的方式展现原始数据间的复杂关系、潜在信息以及发展趋势，以便更好地利用所掌握的信息资源。

在各种可视化技术中，基于复杂网络算法的网络图是操纵大型网络结构数据且在科研主体的合作、关联、引证等科研关系分析中应用广泛的技术之一。如国外的文献分析软件Vantage-Point[98]和Thomson Data Analyzer[99]均采用网络图进行关联结果的可视化表示。本书研究科研关系网络可视化，首先对网络结构信息的可视化相关技术进行深入的研究，以下是对应用于本书科研关系网络可视化的四种复杂网络算法进行的研究和比较。

3.2.1　复杂网络相关技术

（1）Spring-Embedded Model算法。

Eades P提出的"弹性模型（Spring-Embedded Model）"，以物理学中的"弹力"作为关注点，因此也称为力导引模型（Force-Directed Model）[100]，此模型在作图领域具有开创性的意义，并一直被沿用发展至今。其基本原理是将图看成一个顶点为钢环、边为弹簧的物理系统，系统被赋予某个初始状态以后，弹簧弹力的作用会导致钢环的移动，这种运动直到系统总能量减少到最小值时停止。但是，在实现算法中并没有遵守弹性力学中的胡克定律，而是采用了自己建立的弹簧受力公式。此外，为了降低算法复杂度，文献假设引力作用只存在于相邻两个节点间。

Spring-Embedded Model算法具体实现步骤如下：

步骤1：首先对网络图中的每个节点坐标进行随机初始化。

步骤2：计算图中每个边e的端点v1、v2在引力方向的位移。

double f = force_multiplier *（desiredLen - len）/ len;// desiredLen 为边的目标长度，len 为边的实际长度

double dx = f * vx;double dy = f * vy；//vx，vy 为两点的横纵坐标差

v1.edgedx += dx;v1.edgedy += dy；

v2.edgedx += -dx;v2.edgedy += -dy；

步骤3：计算每个节点v与其他节点在斥力方向上的位移。

dx += vx/distanceSq;//distanceSq 为两节点的欧氏距离，vx 为两点间的x坐标差。

dy+= vy/distanceSq;//v 为两点间的y坐标差

dlen= Math.Sqrt（dx*dx +dy*dy）/2；

v.repulsiondx += dx/dlen；//斥力与距离平方成反比

v.repulsiondy += dy/dlen；

步骤4：设置每个节点的位置偏移量。

v.dx +=v.repulsiondx+v.edgedx；

v.dy +=v.repulsiondy+v.edgedy；

步骤5：根据偏移量确定每个节点的位置，重复步骤2~4，直至网络图的结构便于用户理解。

（2）Kamada-Kawai layout算法。

Kamada T 和 Kawai S[101]提出的KK算法改进了弹性模型，通过求系统总能量的最小值来确定网络图中节点位置：

$$E = \sum_{i=1}^{n-1} \sum_{j=i+1}^{n} \frac{1}{2} k_{ij} \left(\left| p_i - p_j \right| - l_{ij} \right)^2$$

其中，p_i 和 p_j 表示节点 V_i 和 V_j 的位置，l_{ij} 表示 V_i 和 V_j 间弹簧的初始长度，K_{ij} 表示弹性系数。该模型中遵循了胡克定律的偏微分方程，并以此来优化顶点的布局。此外，该算法还加入了非相邻节点间理想距离的概念：两个节点间的理想距离与它们之间的最短路径的长度成正比。在系统的最终稳定状态下，节点间的距离都将接近于它们的理想距离。

KK算法具体实现步骤如下：

步骤1：首先对网络图中的每个节点坐标进行随机初始化。

步骤2：计算当前系统的能量函数值。

double dist = d[i，j]；// d[i，j]为节点 i，j 的连线长度

double l_ij = L * dist；

double k_ij = K /（dist * dist）；

double dx = Xydata[i].X − Xydata[j].X；

double dy = Xydata[i].Y − Xydata[j].Y；

double d = Math.Sqrt（dx * dx + dy * dy）；

energy += k_ij/2 *（dx * dx + dy * dy + l_ij * l_ij −2 * l_ij * d）；

步骤3：计算每个节点 v 在能量梯度方向的位移，确定新的坐标。

double[] dxy = calcDeltaXY（pm）；

Xydata[v].setLocation（Xydata[v].X + dxy[0]，Xydata[v].Y + dxy[1]）；

步骤4：重复步骤2~3，直至网络图的结构便于用户理解。

（3）Fruchterman-Reingold layout算法。

Fruchterman T M J 和 Reingold E M[102]再次提出了基于改进弹性模型的FR算法。该算法的基本原理遵循两个简单的原则：有边连接的节点应该互相靠近；节点间不能离得太近。虽然该算法的原则简单抽象，但得益于出色的模型选择，所以能够画出相当优美的图形。FR算法在经典算法基础上改进了力导引模型，建立在粒子物理理论的基础上，将无向图中的节点模拟成原子，

通过模拟原子间的力场来计算节点间的位置关系。算法通过考虑原子间引力和斥力的互相作用，计算得到节点的速度和加速度，节点的运动规律类似原子或者行星间的运动，系统最终进入一种动态平衡状态。另外，FR 算法还采用了网格变量方法进行了优化：将布点区域分成若干网格，计算斥力时只考虑节点与相邻网格内的节点间的作用。若以 k 表示节点周围空白区域的理想半径，d 表示节点间的距离，则斥力计算公式为：

$$f_r = \frac{k^2}{d} u(2k - d)$$

其中，$u(x) = \begin{cases} 1 & if\ x > 0 \\ 0 & otherwise \end{cases}$

FR 算法具体实现步骤如下：

步骤1：首先对网络图中的每个节点坐标进行随机初始化。

步骤2：计算任意两点间 p1、p2 的斥力，并根据斥力大小设置平移。

double dx = p1.X − p2.X；

double dy = p1.Y− p2.Y；

double dLength = Math.Sqrt（（dx * dx）+（dy* dy）；//两点间距离

double force =（repulsion_constant * repulsion_constant）/ dLength;//FR 斥力公式 $f_r = -\frac{k^2}{r}$

double dx´ =（dx/dLength）* force; double dy´ =（dy/dLength）* force;//点的位置偏移量

步骤3：计算边 e 两端节点的引力，并根据引力大小设置平移。

p1=e.start;p2=e.end；

double dx =p1.X − p2.X；

double dy =p1.Y− p2.Y；

double dLength = Math.Sqrt（（dx * dx）+（dy* dy）；//两点间距离

double force ＝（dLength * dLength）/attraction_constant;//FR 引力公式 $f_a = \dfrac{r^2}{k}$

double dx′＝（dx/dLength）* force; double dy′＝（dy/dLength）*force;//点的位置偏移量

步骤4：重复步骤2~3，直至网络图的结构便于用户理解。

（4）Multidimensional Scaling算法。

多维标度（Multidimensional scaling，MDS），是一种将多维空间的研究对象（样本或变量）简化到低维空间进行定位、分析，同时又保留对象间原始关系的数据分析方法。1952年Torgerson首先给出多维标度法的数学模型[103]。

多维标度按照对象间的相异性是定量的还是定性的，可分为度量多维标度和非度量多维标度。度量多维标度是多维标度类型中最早出现的一种，要求对象间的相异性与对象间的距离保持线性关系。非度量多维标度则没有那么严格的要求，只需要满足单调的顺序等级关系，而不需要定量地表示出来。

与Spring-Embedded Model、Kamada-Kawai layout、Fruchterman-Reingold layout算法相比，多维标度以对象间的距离来映射对象间的关系，表现结果更加直观，因此，在科技情报可视化分析中广泛应用。多维标度与科技情报可视化结合后，得到进一步改进，如知识图谱绘制工具VOSViewer应用了更易于大规模数据可视化的VOS布局算法[104]。本书"大规模科研关系数据可视化"一节研究利用VOSViewer的VOS布局算法并结合热力图可视化进行大规模科研关系数据的可视化表示。

（5）SOM layout。

自组织映射（Self Organization Map，SOM）神经网络是较为广泛应用于聚类的神经网络[105]。主要功能是将输入的 n 维空间数据映射到一个较低的维度，同时保持数据原有的拓扑逻辑关系。

SOM网络由输入层和输出层组成。输入层中的每一个神经元，通过权与输出层中的每一个神经元相连。输入层的神经元以一维的形式排列，输入神经元的个数由输入矢量中的分量个数决定，输出层的神经元一般以一维或者二维的形式排列。计输入层的神经元数量为 n ，输出层神经元数量为 m ， $n > m$ ，输入的样本总数为 S ，第 P 个输入样本用矢量表示为 $X^p = (x_1^p, x_2^p, \cdots, x_i^p, \cdots, x_n^p)'$ ，每个输出神经元的输出值记为 $y_i, i = 1, \cdots, m$ ，与第 j 个输出神经元相连的权用矢量表示为 $w_j = (w_{j1}, w_{j2}, \cdots, w_{ji}, \cdots, w_{jn})$ 。

SOM 聚类的方法是为每个输入神经元寻找对应的输出神经元，办法是通过寻找输入矢量和权矢量的最佳匹配来确定一个获胜神经元，这个获胜神经元与输入的样本具有最近的欧氏距离。

（6）算法改进。

改进方案 1：本书对 Spring-Embedded Model 算法和 Fruchterman-Reingold layout 算法做了一些改进的措施：在计算引力时，预先设定一个数量阈值，只有那些连接线所代表的数量超过指定阈值时，才计算连接线两端节点的引力，低于这个阈值的连接线不显示，也不计算其两端节点的引力。这样改进的益处在于：用户随时调节阈值，把那些明显的网络关系凸显出来，同时加速算法本身的计算速度。这种改进方案是基于以下考虑设计的：在对科研关系进行可视化表示时，因数据量的多少、领域的差异和用户的偏好不同，用户对科研关系的强度主观判断标准会有所差异，需提供给用户对构建结果进行即时调整的功能。

改进方案 2：本书实现三种算法的叠加，以使网络图更加简洁美观。即：对网络节点进行随机布局后，选择任意算法进行网络图优化，优化过程中，用户随时选择另外一种算法进行切换，继续图形优化。这样改进的益处在于：对于一个网络图在现有任一算法下都无法得到满意的可视化结果时，应用算法叠加，使可视化结果更加简洁，易于理解，扩大算法的适用范围。

3.2.2　网络图的压缩技术

基于网络图的可视化结果表示，需要进行网络压缩，去掉那些关系不显著的连接线，以便去除网络中非本质的、容易影响用户获取最直接相关信息的噪声，识别关键信息，实现信息过滤。网络图的压缩算法主要有Pathfinder算法、最小生成树算法和动态阈值设定。

（1）Pathfinder算法。

Pathfinder算法是美国心理学家Schvanevel R W于1989年提出的用来分析数据相似性的一个模型[106]，可以看作是初等三角不等式的扩展。它根据经验性的数据，对不同概念或实体间联系的相似或差异程度做出评估，然后应用图论中的一些基本概念和原理生成一类特殊的网状模型。该算法对一个复杂网络中衡量数据相似性的关系进行了简化，检查所有数据之间的关系，在所有可能的两点路径中只保留最强的连接，从而建立数据间最有效连接的路径。最终结果是将数据以及数据之间的关系表达成一个图，图中节点表示数据，边表示数据之间的关系。Pathfinder算法有两个重要参数：r和q。q是指路径的最大长度，r参数是闵可夫斯基距离。

路径P的长度为 $W(P) = \sqrt[r]{\sum_{i=1}^{k} w_i^r}$

$\forall k \leqslant q \, w_{n_i n_{i+1}} = \sqrt[r]{\sum_{i=1}^{k-1} w^r_{\,n_i n_{i+1}}}$ 满足三角不等式

美国德雷克塞尔大学信息科学技术学院陈超美首先使用Pathfinder算法实现了对超文本链接网络聚类[72]，并在其设计开发的可视化工具CiteSpace中进行固化[107]。目前，该算法在情报分析和知识可视化中已经得到广泛应用。

（2）最小生成树算法。

最小生成树是另外一种网络图压缩方法。假设一个连通的赋权图G，由该图的边和节点子集可以生成很多子树，称为生成树。设T为图G的一个生

成树，把 T 中各边的权数相加所得的和数称为生成树 T 的权数。G 的所有生成树中，权数最小者称为 G 的最小生成树。

（3）设定阈值使可视化图形中仅显示超过设定阈值的连接线。

采用该方法进行图形压缩，方法简单，易于理解，并即时调整阈值，满足不同标准的分析需求。但每次调整阈值后，需要对网络图重新布局，增加计算时间成本和用户交互的技术复杂度。

3.3 层次结构信息可视化技术

针对传统的树型结构层次增多或者节点增多时，需要占据大量的可视化空间；而计算机屏幕所能够提供的可视化空间非常有限，使得查找某个节点或者获得整个结构的信息变得很不方便的弊端。Xerox PaloAlto 研究中心用户界面研究组的 John Lamping 等人提出了一种基于双曲几何的可视化和操纵大型层次结构的焦点 + 背景技术，称为双曲树。这种技术将更多的可视化空间给了当前层次结构中当前关注的部分，而同时又能够把整个层次结构显示出来。

在各种可视化技术中，基于双曲几何的双曲树可视化技术是操纵大型层次结构数据且应用广泛的可视化技术之一。该算法在解决较大规模的文献数据及其引证关系可视化显示方面具有应用，如 Web of Science 引文数据库的文献引证可视化。本书研究应用双曲树算法并结合用户需求进行文献引证关系的可视化，首先对该算法的原理和技术实现进行分析。

双曲树算法主要原理是将树结构在双曲空间进行布局，然后映射到欧式空间的庞莱卡圆盘进行显示，映射示意如图 3-2 所示。欧式空间中两个相同大小的区域离庞莱卡圆盘中心越近，在双曲空间中所占用的空间越小；反之，双曲空间中两个大小相同的区域离原点越近在庞莱卡圆盘中所占用的空间越大。当关注的树节点被放到双曲空间的原点后，在欧式空间该节点显示在圆盘中心（电脑屏幕中心），且占用的空间最大。

　　算法包括双曲空间树节点布局，双曲空间向欧式空间映射两个主要步骤。首先，将树的根节点坐标设置为双曲平面的原点（0，0）；然后，把根节点的扇形区域平分给根节点的子节点，每个二级子节点拥有自己的扇形区域，再把每个二级子节点的扇形区域平分给其所拥有的三级子节点，依次递归进行节点的分布；最后，采用庞莱卡投影把双曲空间中的点映射到欧式空间的庞莱卡圆盘上。具体技术实现步骤如下。

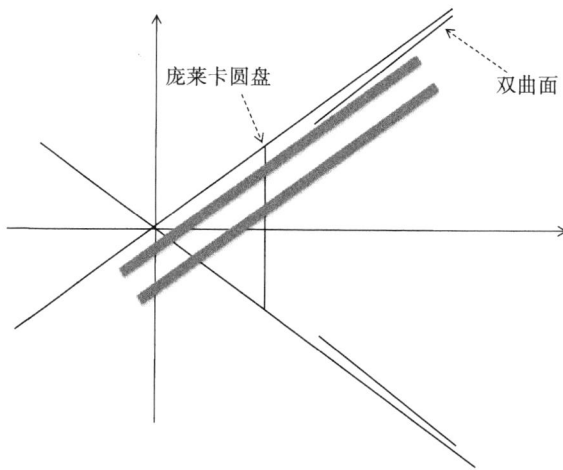

图3-2　双曲空间映射示意

　　步骤1：以复数类HTCoordinate（double x，double y）表示双曲空间中点坐标，复数的实部、虚部分别与双曲空间中点的横、纵坐标对应，扇形类HTSector（HTCoordinate p1，HTCoordinate p2）表示双曲空间中的扇形区域。

　　步骤2：在双曲空间中对树结构中的每个节点进行布局，除根节点布局在原点（0，0）外，其他子节点调用如下布局过程进行坐标的递归设置。

HTCoordinate w = parent. Coordinates （）；//当前父节点坐标

doubleangle = sector. Angle （）；//当前节点父节点所拥有的扇面

z.x = length * Math.Cos （angle）；//当前节点相对于父节点的位置坐标

z.y = length * Math.Sin（angle）;

z.Translate（w）；//经过变换设置当前节点在双曲空间中的坐标

其中，坐标变换函数 HTCoordinate.Translate（HTCoordinate w）的变换规则如下。

double deltax = x * w.x + y * w.y;

double deltay = y * w.x − x * w.y;

double newx = x + w.x;

double newy = y + w.y;

x =（newx * deltax + newy * deltay）/（deltax * deltax + deltay * deltay）;

y =（newy * deltax − newx * deltay）/（deltax * deltax + deltay * deltay）;

步骤3：将双曲空间点Z的坐标映射到欧式空间，映射规则如下。

x = Math.Round（z.x *（double） max.x）+ org.x；//max 为庞卡莱圆盘的大小

y =−Math.Round（z.y *（double） max.y）+ org.y；//org 为庞卡莱圆盘中心的欧式空间坐标

3.4 热力图可视化技术

热力图是对自然界的热力成像原理的计算机模拟，通过红黄绿蓝四种颜色的深浅来区别数据的大小，颜色块区别数据的密集程度。如百度网页点击热力图通过对用户经常点击的页面位置跟踪，形成页面使用密度数据。然后，以密度数据绘制热力图，使网页开发者了解用户的点击偏好，进而改善页面设计。热力图还在商业用户行为分析中有普遍应用。近年来，情报分析领域一些研究者结合文本分析和热力图，形成技术热力图可视化技术。相比于层次结构信息可视化技术和网络结构信息可视化，热力图能够显示处理更多的数据信息。相比主题景观图而言，其实现技术更简单，易于操作。因此，在图书情报分析领域，技术热力图的应用逐渐增多。本书研究应用热力图对大规模科研关系数据进行可视化表示，因此，对该热力图技术的基本原理和技术实现进行分析。

首先，预设一个由256个颜色构成的渐变的色彩调色板。热力图是由许多个圆或椭圆叠加生成，单个椭圆是渐变的，颜色大约是从调色板的中部开始，在椭圆叠加后就产生了渐变的边缘。当椭圆之间叠加得越多，颜色就朝调色板的一端越靠近。在技术实现上，不能用这些颜色直接画椭圆，因为这些颜色叠加后，并不会向调色板上设计好的一端渐变，从而得不到想要的效果。按照 Vester D 的方法[108]，由于灰色在叠加时，颜色会逐渐变浓，最后变成黑色，于是可以先绘制灰色椭圆，然后将整个画布看作位图，将图上256级灰度映射到一个256色的调色板上的颜色，以生成热图。

具体技术实现步骤如下。

步骤1：定制颜色面板，建立一个长度为256的、色彩由浅向深逐渐递增的色彩向量 uint[] ColorPalette；

步骤2：定义热力点结构类 HeatPoint

public HeatPoint（double iX，double iY，byte bIntensity）

{

X = iX；Y = iY；//点的X、Y坐标

Intensity = bIntensity；//点所代表的密度值

}

步骤3：从 heatPoint 圆心向外，绘制半径大小为 HeatRadius、颜色渐变的灰度图；

ColorBlend colors = GetColorBlend（heatPoint. Intensity）；DrawHeatPoint（surface，heatPoint，colors，HeatRadius）；

步骤4：建立灰度图中每个像素与颜色面板的映射关系，用颜色面板中对应的颜色进行图形渲染，映射和渲染方式如下：

```
for （int y = 0; y < PixelHeight; y++）
 {
for （int x = 0; x < pixelWidth; x++）
   {
       int color=input.GetPixel（x，y）.ToArgb（）;
uint alpha=（byte）~（（（uint）（color））>> 24）;
Color paletteColor=Color.FromArgb（ColorPalette [alpha]）;
output.SetPixel（x，y，paletteColor）;
 }
 }
```

3.5　主题图可视化技术

主题图通过类似于地理信息系统中的等高线图实现对科技文本数据的可视化，通过颜色的深浅区别数据的多少以及数据之间的关系。有些文献中也将其称为景观图或主题图，尽管名称和表现形式不完全相同，其基本思想是一致的。

主题图的学术研究从20世纪90年代逐渐开始增多，国外学者Chalmers M和Wise J A关于主题图的研究是比较典型的例子，他们分别介绍了主题图的实现细节[109][110]。美国Sandia国家实验室开发的复杂网络分析工具VxInsight是一个影响比较大的主题图工具[111][112]，并在科技管理中进行应用。由于该工具受到美国技术出口政策限制，国内用户不能直接接触和使用。对于主题图的另一个应用主要是在专利分析领域，比较典型的是科睿唯安的Aureka专利地图，该地图表现为等高线形式的地形图，可视化效果比VxInsight更加精细、美观，其应用更加偏向于商业化用户。Aureka专利地图最初由美国Aurigin系统公司设计，并申请了专利保护，目前集成在科睿唯安的Innovation专利信息服务平台。其应用仅限于该平台的用户，数据源受限于Innovation平台本身的数据源，用户不能脱离平台的数据和技术进行数据分析工作，应用范围有限。

相比于常见的社会网络可视化，主题图与热力图具有相同的优势，即能够处理的"节点"数量大大增加。在主题词较多的情况下，其可视化效果仍然保持清晰。就主题图的绘制来说，最为典型的是等高线地形图。等高线图实现简单，但不是所有的等高线绘制方法都能有效地表现分析结果。应用该方法最好的是科睿唯安的Innovation专利地图。其应用的神经网络算法+渲染技术较为复杂，国内研究者很难实现同类的表现效果。表3-1对比了Innovation、VOSViewer和True Teller三个工具中主题图的绘制方法和工具的使用情况。

表3-1　技术主题图绘制工具对比

绘制工具	Innovation	VOSViewer	True Teller
可视化表示	地形图	热力图	热力图，彩虹图
如何区别点的聚集程度	颜色深浅+等高线	颜色深浅	颜色深浅
工具使用	在线应用	单机软件	单机软件
与数据源绑定	是	否	否
人机交互	弱	弱	强
专利保护	有	无	无
布局算法	Self-Organizing Map	VOSMapping	未公布
工具销售	收费（与数据绑定）	免费	收费（中国区禁售）
可视化结果可读性	高	一般	一般

针对目前主题图绘制方法的不足，本书设计一种相对简易的主题图实现方法并开发相应的软件工具。其基本思想是，应用复杂网络Fruchterman-

Reingold layout与VOSMaping算法进行主题词的平面布局，建立以主题词数量为参数的平面像素点密度函数，映射平面上点的颜色及其深浅度，最后应用热力图的渲染技术进行主题图的绘制。

假设主题词通过自然语言处理结合专家知识已经确定。在主题词确定的前提下，进行主题图的绘制，主要过程如下。

（1）主题词关系强度计算。

计算主题词的同现关系矩阵，依据同现矩阵计算各主题词之间的关系强度矩阵，计算方法可以采取倒排文档频率、信息熵、互信息等，也可以直接采用同现数量度量关系强度。假设n个主题词之间的关系强度矩阵为$\text{Corr}_{n \times n}$。

$$\text{Corr}_{n \times n} = \begin{bmatrix} & \text{Keyword}_1 & \text{Keyword}_2 & \cdots & \text{Keyword}_i & \cdots & \text{Keyword}_n \\ \text{Keyword}_1 & r_{11} & r_{12} & \cdots & r_{1i} & \cdots & r_{1n} \\ \text{Keyword}_2 & r_{21} & r_{22} & \cdots & r_{2i} & \cdots & r_{2n} \\ \cdots & \cdots & \cdots & \cdots & \cdots & \cdots & \cdots \\ \text{Keyword}_i & r_{i1} & r_{i2} & \cdots & r_{ii} & \cdots & r_{in} \\ \cdots & \cdots & \cdots & \cdots & \cdots & \cdots & \cdots \\ \text{Keyword}_n & r_{n1} & r_{n2} & \cdots & r_{ni} & \cdots & r_{nn} \end{bmatrix}$$

（2）主题词平面布局。

为了绘制主题图，需要确定主题词在平面图中的位置坐标，操作过程如下。

a.设定关系强度阈值，大于该阈值的节点强度保留原值，小于等于该阈值的强度重新设定为0。

b.将n个主题词分为m组，满足每个组内部的主题词关系强度均大于设定阈值；每个组组内所有主题词与其他组的所有主题词关系强度都小于等于设定阈值。通过行列变换将主题词的关系强度矩阵变换为$\text{Corr}'_{n \times n}$

$$
\text{Corr}'_{n \times n} = \begin{bmatrix}
 & \text{Group}_1 & \text{Group}_2 & \cdots & \text{Group}_i & \cdots & \text{Group}_m \\
\text{Group}_1 & R_1 & 0 & \cdots & 0 & \cdots & 0 \\
\text{Group}_2 & 0 & R_2 & \cdots & 0 & \cdots & 0 \\
\cdots & \cdots & \cdots & \cdots & \cdots & \cdots & \cdots \\
\text{Group}_i & 0 & 0 & \cdots & R_i & \cdots & 0 \\
\cdots & \cdots & \cdots & \cdots & \cdots & \cdots & \cdots \\
\text{Group}_m & 0 & 0 & \cdots & 0 & \cdots & R_m
\end{bmatrix}
$$

其中，R_i 为第 i 组中主题词的关系强度矩阵。

c. 将 m 个组作为平面中的 m 个节点，组与组之间的关系强度设定为同一个固定值。采用 Fruchterman-Reingold layout 算法对 m 个节点进行坐标计算。

d. 对每个组内的节点采用 VOSMapping 算法进行坐标计算。

假设有 12 个主题词，分为 A、B、C 三组，关系强度矩阵分别为 R_1，R_2，R_3。在对 12 个主题词进行布局的过程中，首先把 A、B、C 三个组看作三个节点，节点距离相等。采用 Fruchterman-Reingold layout 算法对这三个节点进行布局，记录每个节点的中心位置。对每个分组内部的节点，如 A 组内的 3 个节点、B 组内的 4 个节点、C 组内的 5 个节点分别采用 VOS Mapping 算法进行布局，然后通过坐标平移将每个组的中心位置设定为通过 Fruchterman-Reingold layout 算法得到的三个点的坐标。

（3）基于主题词数量与布局坐标构建平面像素点的密度函数。

主题词的坐标确定后，将其绘制到计算机屏幕，需要确定每个像素点的颜色。为此，建立一个密度函数，用于映射每个像素点的颜色值。

假设：n 个主题词的坐标分别为 $(x_i, y_i), i = 1, \cdots, n$，主题词之间的二维欧氏距离平均值为 $\overline{\text{Dis}\tan ce}$，每个主题词的数量为 $\text{Numer}_i, i = 1, \cdots, n$，像素点 Point 的坐标 (x, y)。

定义像素点的密度函数公式为：

$$Density\left(x,y\right) = \sum_{i=0}^{n} f\left(Numer_i\right) e^{-\alpha\left(\frac{\sqrt{\left(x-x_i\right)^2+\left(y-y_i\right)^2}}{Dis\tan ce}\right)^{\beta}}, \alpha>0, \beta>0$$

其中，$f\left(Numer_i\right)$为主题词数量的标准化值；α,β为非负数，其取值不同，主题图效果不同。在实际计算中，为减少计算量，降低主题图的渲染时间延迟，并不是每个像素的密度函数都需要进行计算，而是将整个屏幕划分为若干格子，每个格子作为一个像素点对待，计算每个格子的密度函数。最后，通过图形拉伸使图形与电脑屏幕重合。

（4）计算像素点的色彩进行主题图渲染。

a.将密度函数标准化，使其取值为0~255的整数，可以采用如下变换方式。

$$(int)\left(\gamma \frac{Density\left(x,y\right)}{Density_{max}} \times 255\right) 或 (int)\left(255 - \gamma \frac{Density\left(x,y\right)}{Density_{max}} \times 255\right)，\quad 0 < \gamma \leqslant 1$$

b.建立一个256色的蓝、绿、黄、红渐变的调色板，存储为256个元素的颜色向量。调色颜色不限于蓝、绿、黄、红几种颜色，可以根据需要达到的可视化效果进行设置。

c.建立像素点密度值与调色板的一一映射关系。例如，如果像素点标准化后的密度值为200，该像素点对应的颜色为调色板中第200个颜色的色彩。

3.6　相关的文本挖掘与网络搜索技术

科研关系网络构建中对于学术资源的文本分析，挖掘科研热点，离不开文本挖掘技术的支持；对于学术资源的获取，又与网络信息采集密切相关。为此，以下对相关文本挖掘技术和网络数据采集技术进行分析。

3.6.1 文本挖掘技术

（1）分词技术。

中文分词是中文信息处理的一个主要组成部分。与英语不同，汉语中的词基本上没有形态变化。一个汉语句子由一串前后连续的汉字组成，词与词之间没有明显的分界标志。汉语的书面表达方式是以汉字为最小单位的，但在自然语言理解中，词是最小的、能独立活动的、有意义的语言成分。中文分词就是把没有分割标志的汉字串转换到符合语言实际的字符串的过程。分词技术在中文文本的自动检索、过滤、分类及摘要、中文文本的自动校对、机器翻译、汉字识别与语音识别、汉语语音合成等领域中都扮演着极为重要的角色。目前，应用比较广泛的中文分词软件有：海量智能计算技术研究中心开发的海量智能分词组件与中国科学院计算所开发的ICTCLAS分析组件，本书所使用的分词工具主要是海量智能分词组件。

（2）特征表示。

特征表示是指以一定特征项来代表文档，在文本挖掘时只需对这些特征项进行处理，从而实现对非结构化的文本处理。这是一个由非结构化向结构化转换的处理过程。特征表示的构造过程就是挖掘模型的构造过程。特征表示模型有多种，常用的有布尔逻辑型、向量空间模型（Vector Space Model，VSM）、概率型和混合型等。

（3）文本分类。

文本分类的目的是让机器学会一个分类函数或分类模型，该模型能把文本映射到已存在的多个类别中的某一类，使检索或查询的速度更快，准确率更高。训练方法和分类算法是分类系统的核心部分。用于文本分类的分类方法较多，主要有朴素贝叶斯分类、向量空间模型、决策树、支持向量机、后向传播分类、遗传算法、基于案例的推理、基于中心点的分类方法、粗糙集、模糊集和线性最小二乘等。

3.6.2 网络搜索算法

（1）广度优先算法。

采用广度优先搜索算法进行文献数据的搜索采集时，将每个文献看成树形图中的节点。搜索时从一个节点出发，这个节点可能是一个文献，也可能是一个检索条件，可以生成一个或多个新的节点，这个过程通常称为扩展。节点之间的关系一般可以表示成一棵树，它被称为解答树。解答树上节点的扩展是沿节点深度的"断层"进行，也就是说，节点的扩展是按它们接近起始节点的程度依次进行的。首先生成第一层节点，同时检查目标节点是否在所生成的节点中，如果不在，则将所有的第一层节点逐一扩展，得到第二层节点，并检查第二层节点是否包含目标节点，对长度为 $n+1$ 的任一节点进行扩展之前，必须先考虑长度为 n 的节点的每种可能的状态。

（2）深度优先算法。

正如算法名称那样，深度优先搜索所遵循的搜索策略是尽可能"深"地搜索图。在深度优先搜索中，对于最新发现的顶点，如果它还有以此为起点而未探测到的边，就沿此边继续搜索下去。当节点 v 的所有边都已被探寻过，搜索将回溯到发现节点 v 有那条边的始节点。这一过程一直进行到已发现从源节点可达的所有节点为止。如果还存在未被发现的节点，则选择其中一个作为源节点并重复以上过程，整个进程反复进行直到所有节点都被发现为止。

3.7 科研关系网络可视化设计

3.7.1 科研主体科研合作关系可视化

（1）可视化空间映射。

基于本书"面向贡献力评价的科研合作关系构建"一节科研合作关系构

建结果，应用网络图进行合作关系的可视化含义映射：以网络图中的圆形节点表示科研主体，节点红、绿、蓝三个颜色圈的大小分别表示该科研主体作为文献第一、第二、第三及以后合作者文献数量的多少，并用节点旁的数字标注；用节点间的连线表示合著数量，线的粗细表示合作的文献数量，合作文献越多、线越粗，反之越细；节点旁的文字和数字用以标注节点所代表的科研主体名称及其作为第一、第二、第三及以后合作者文献的数量，连接线旁的数字用以标注连接线所表示的合作数量值；节点名称下为节点科研主体的技术或主题特征词。其中合作数量值按照用户的需求进行显示或隐藏。

（2）可视化示例。

对本书"面向贡献力评价的科研合作关系构建"一节构建的科研合作关系矩阵，进行可视化表示，揭示这些科研人员在科研合作中的贡献力，以及科研人员之间合作的技术和主题。图3-3所示为设定合作阈值为4的作者合作关系可视化结果，主要的合作群体有6个。如果单从数量上看，发文量超过50的作者有6个，依次为Dai S Y（81篇）、Wu J H（62篇）、Wang P（55篇）、Lin J M（53篇）、Hu L H（53篇）、Lin Y（50篇），而且每个作者的论文被引用数量很多，会给情报分析人员一个错误的导向：这几个作者是这个领域的主要研究者。然而，将这几个作者放到其所在的合作群体中，每个人的贡献力显然有所降低。比如，Wang P的论文排序基本都在第三以后，与其具有相同情况的还有Zakeeruddin S M、Gratzel M，这三个作者都与Zhang J发生合作关系，Zhang J处于这个合作群体的中心，发文量中有13篇是第一作者，与Lin H、Li X有合作关系，这两个作者的第一作者发文量均为5。同时，从作者发文的关键词上也可以看出，Wang P与Zhang J在论文内容上有区别。依据这种可视化方法可以识别出论文作者在合作群体中的贡献力，从而对其进行相对客观的评价。

3.7.2 科研主体关联关系可视化

（1）可视化空间映射。

基于本书"基于文本的科研主体关联关系构建"或"基于引文的科研主体关联关系构建"节科研主体关联关系构建结果，应用二维空间中的网络图进行关联关系的可视化含义映射：以网络图中的圆形节点表示科研主体；用节点间的连线表示关联，线的粗细表示关联的强弱，关联性越大，线越粗，反之越细；节点旁的文字和数字用以标注节点所代表的科研主体名称及其文献数量值，连接线旁的数字用以标注连接线所表示的关联强度数值。其中频率数值和关联强度数值按照用户的需求进行显示或隐藏。

（2）可视化示例。

对本书"基于引文的科研主体关联关系构建"一节构建的基于文本的科研主体关联关系矩阵，进行可视化表示，揭示这些研究机构之间关联关系以及各个机构的研究侧重。图3-4所示为应用PathFinder进行网络压缩后，关联阈值设定为0.15的关联可视化结果，标注了机构之间的关联度。其中，连接线旁的数值为关联度的小数部分，节点文字除了机构名称外还标注了该机构使用频率最多的5个关键词。从机构之间的文本关联角度来看，中国科学技术信息研究所、北京大学信息管理系、上海图书馆上海科学技术情报研究所研究内容关联较大，这三家机构的可视化主要与"竞争情报分析"相关。南京大学信息管理系、大连理工大学21世纪发展研究中心、南京大学历史学系研究内容关联较大，这三家机构的可视化主要与"知识图谱""信息计量""文献计量相关"相关。武汉大学信息管理学院、武汉大学科学评价研究中心、武汉大学信息资源研究中心研究内容关联较大，这三家机构的可视化主要与"知识图谱""研究热点""研究前沿"相关。中国科学院国家科学图书馆、中国科学院研究生院、中国科学院国家科学图书馆兰州分馆、中国科学院资源环境科学信息中心研究内容关联较大，这四家机构的可视化主要与"信息检索"相关。另外，北京师范大学管理学院和大连理工大学WISE实验室的文献量也比较多，但与其他机构的关联性不明显。

3.7.3 科研主体与科研内容关联关系可视化

（1）可视化空间映射。

基于本书"科研主体与科研内容关联关系构建"一节科研主体与科研内容的关联关系构建结果，应用二维空间中的网络图进行科研主体与研究内容间关联关系的可视化含义映射：以网络图中的节点表示科研主体和科研内容，并用节点形状加以区分，如圆形节点表示科研主体、矩形节点表示科研内容；用节点间的连线表示关联，线的粗细表示关联的强弱，关联性越大，线越粗，反之越细；节点旁的文字和数字用以标注节点所代表的科研主体或科研内容及其频率数值，连接线旁的数字用以标注连接线所表示的关联强度数值。其中频率数值和关联强度数值按照用户的需求进行显示或隐藏。

（2）可视化示例。

对本书"科研主体与科研内容关联关系构建"一节构建的科研主体与科研内容关联关系矩阵，进行可视化表示，揭示这些研究机构之间、关键词之间，以及研究机构和关键词之间的关联关系。图3-5所示为应用Path-Finder进行网络压缩后的关联可视化结果，其中连接线旁的数值为关联度的小数部分。

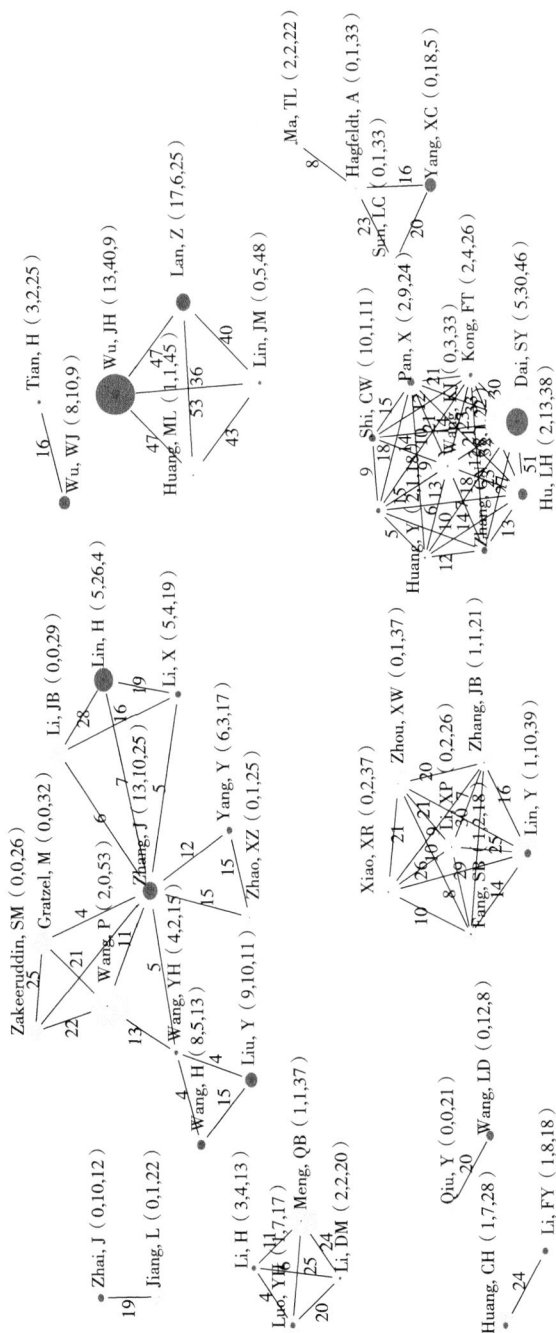

图 3-3 DSSC 技术 SCI 论文中国作者合作关系可视化

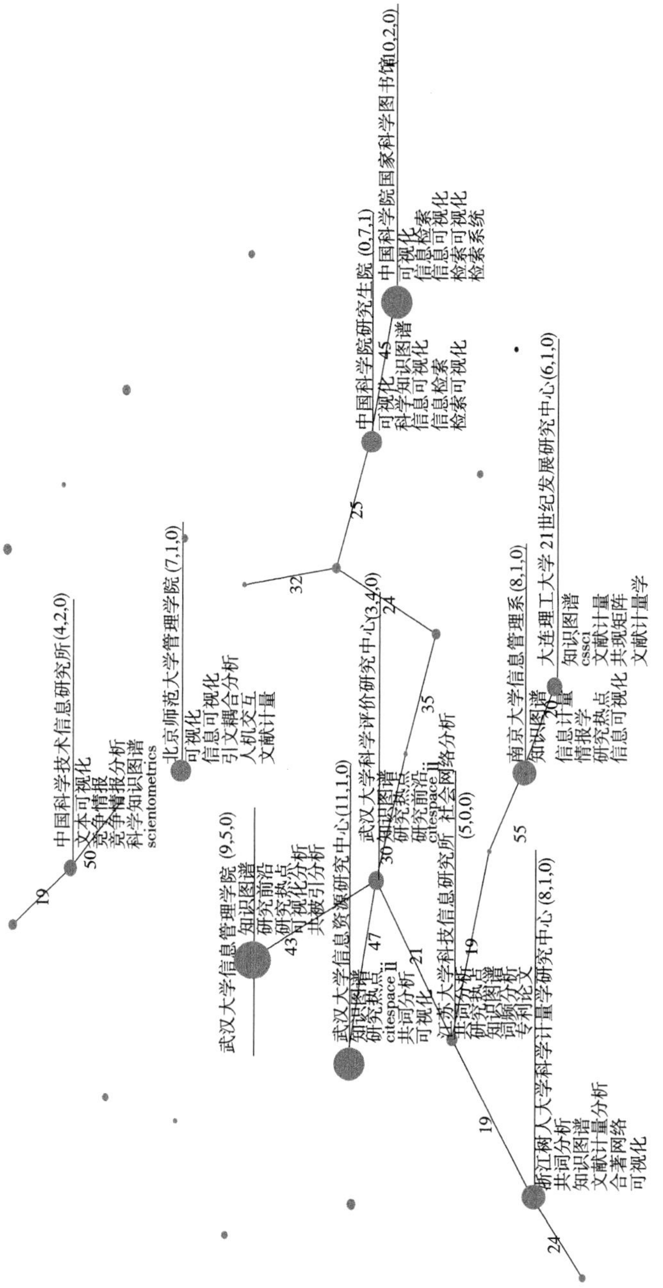

图3-4　知识图谱与知识可视化中文期刊论文机构间的关联可视化

首先，从机构之间的关联角度来看，中国科学院武汉文献情报中心与上海图书馆上海科学技术情报研究所之间具有较强的关联性，关联度为0.90；南京大学历史学系与浙江树人大学图书馆之间具有较强的关联性，关联度为0.88，南京大学历史学系与南京大学信息管理系的关联强度也达到0.74。

其次，从关键词之间的关联角度来看，文献计量、研究前沿、CiteSpace、知识图谱、可视化图谱以文献计量学为中心形成一组关键词集合；文本挖掘、聚类分析、图书情报学、社会网络分析以多维尺度分析为中心形成一组关键词集合，关键词之间的关联强度多为0.70~0.80。

最后，从机构和关键词之间的关联角度来看，机构与关键词之间的关联度基本在0.70以下，相对于机构之间的关联和关键词之间的关联要弱。分析原因主要是研究机构所使用的关键词分散，不够集中，而且每个关键词被同一机构使用的频率较小，最多的频率仅为5，大部分为1或2。

3.7.4 科研主体引证关系可视化

（1）可视化空间映射。

基于本书"科研主体年代引证关系构建"一节构建的科研主体年代引证关系，进一步应用网络结构信息可视化技术进行构建结果的可视化表示。在科研主体年代引证网络中，用节点大小表示科研主体当年文献被引用的总数量，用带有箭头的连接线表示节点间文献的引证关系，箭头方向表示引证顺序，线的粗细表示引证数量的多少，指明哪些主体在什么年代引用了当前节点的文献。用节点文字标注科研主体名称及其在当年最多的文献技术或主题特征词。当出现两个节点互为引证的情况，仅保留引证数量较大的关系，忽略引证数量较小的关系，且不在可视化结果中显示。通过这种可视化表示可以从宏观上对科研主体文献间的引证情况进行了解，定位主要的科研主体和文献时间及其技术或主题的演化关系。

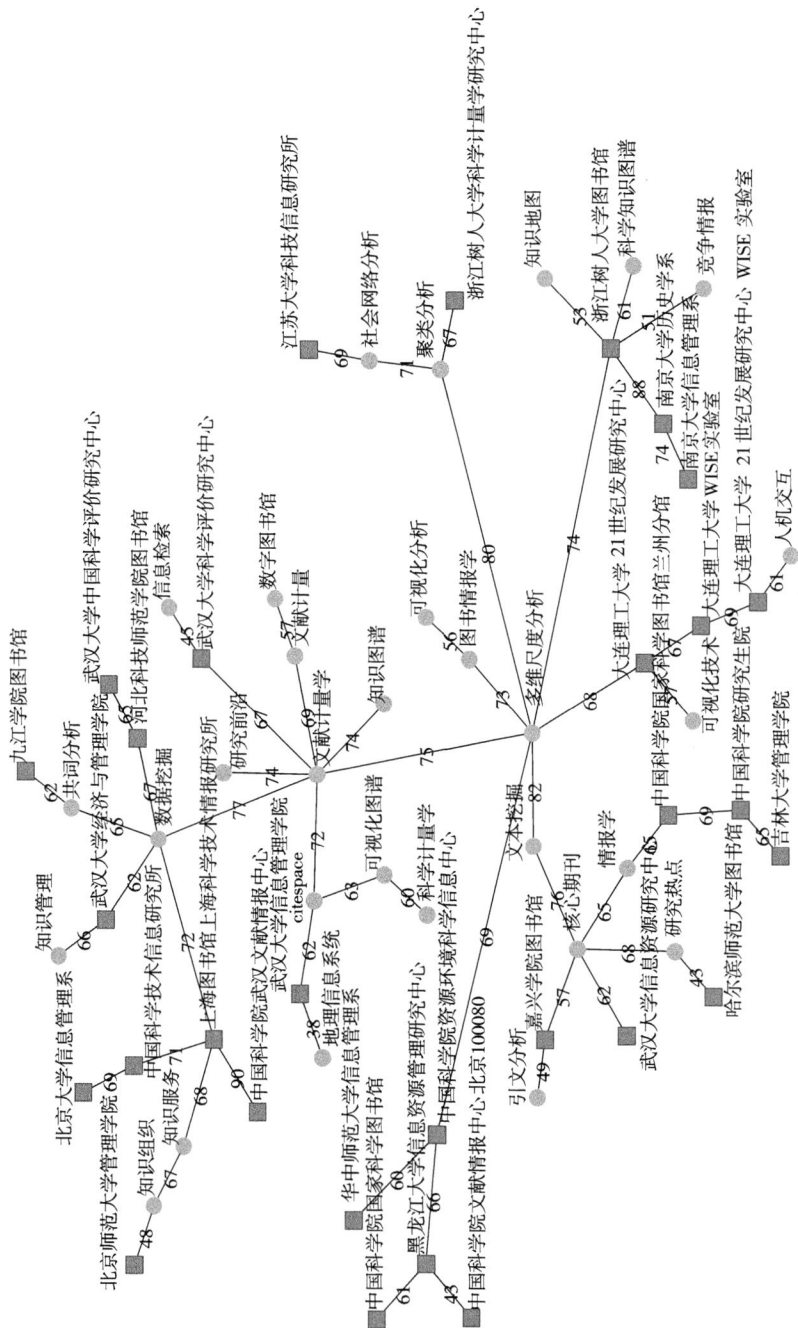

图3-5 知识图谱与知识可视化中文期刊论文机构与关键词关联可视化

（2）可视化示例。

对本书"科研主体年代引证关系构建"一节构建的科研主体年代引证关系矩阵，进行可视化表示，揭示技术历年的演化过程，以及在这些研究机构和技术之间的关系。图3-6所示为各年代之间的引证关系可视化结果，图3-7为引证数量大于4的各机构年代之间相互引证关系可视化结果。其中连接线旁的数值为关联度的小数部分。

从年代整体引证关系结果看，2011年的文献与2007、2008、2009、2010年的文献有较强的引证关系，2010年的文献与2007、2008、2009年的文献有较强的引证关系，2009年的文献与2008年的文献有较强的引证关系。早期的文献引证关系不显著，对2007年以后影响不大。从表3-2各年代主要的技术关键词变化来看，2006年也可以作为一个分界，之前的文献关键词各年代差异较大，之后相对稳定，关键词tio2（原文献中的写法）一直贯穿始终。

表3-2 DSSC技术SCI论文各年代关键词

| 2011 | tio2 nanostructures counter electrode photovoltaic photovoltaic performance | 2003 | tio2 nano-particles small angle x-ray scattering colloid poly (4-vinylphenyloxymethyltriphenylamine esi-ms in-source cid rhenium（i）bipyridyl complex |
| 2010 | Electrolyte Zno titanium dioxide counter electrode density functional theory | 2002 | Sensitization titanium dioxide photoelectrochemistry porphyrin derivatives tio2 electrode carboxyl group adsorption behavior cyanine dye |

2009	Zno density functional theory electronic structure counter electrode	2001	gel network polymer electrolyte photoelectrochemical cell titanium dioxide surface photovoltage spectra photoelectrochemistry photosensitization tio2 and cds nanoparticles thin film nanocrystalline tio2 self-assembly
2008	tio2 counter electrode electrolyte titania	2000	titanium dioxide co-sensitization dye molecule photoelectric conversion photosynthetic reaction triplet state tio2 all-trans-retinoic acid
2007	tio2 polymer gel electrolyte titanium dioxide quasi-solid-state	1999	nanostructured zno film electrode pec solar cell photosensitization photoelectrochemistry squarylium cyanine ruthenium bipyridyl tio2 electrode photoelectric conversion
2006	tio2 nanocrystalline ruthenium complex absorption titanium dioxide	1998	nanoporous film interfacial energetic diffusion squarylium cyanine dye photoelectric conversion electron injection ipce
2005	Redox nanocrystalline tio2 electrolyte 1，2-dimethyl-3-propylimidazolium iodide	1997	co-sensitization microporous tio2 electrode dye molecules

续表

2004	counter electrode
	sheet resistance
	ionic conductivity
	nanocrystalline
	performance

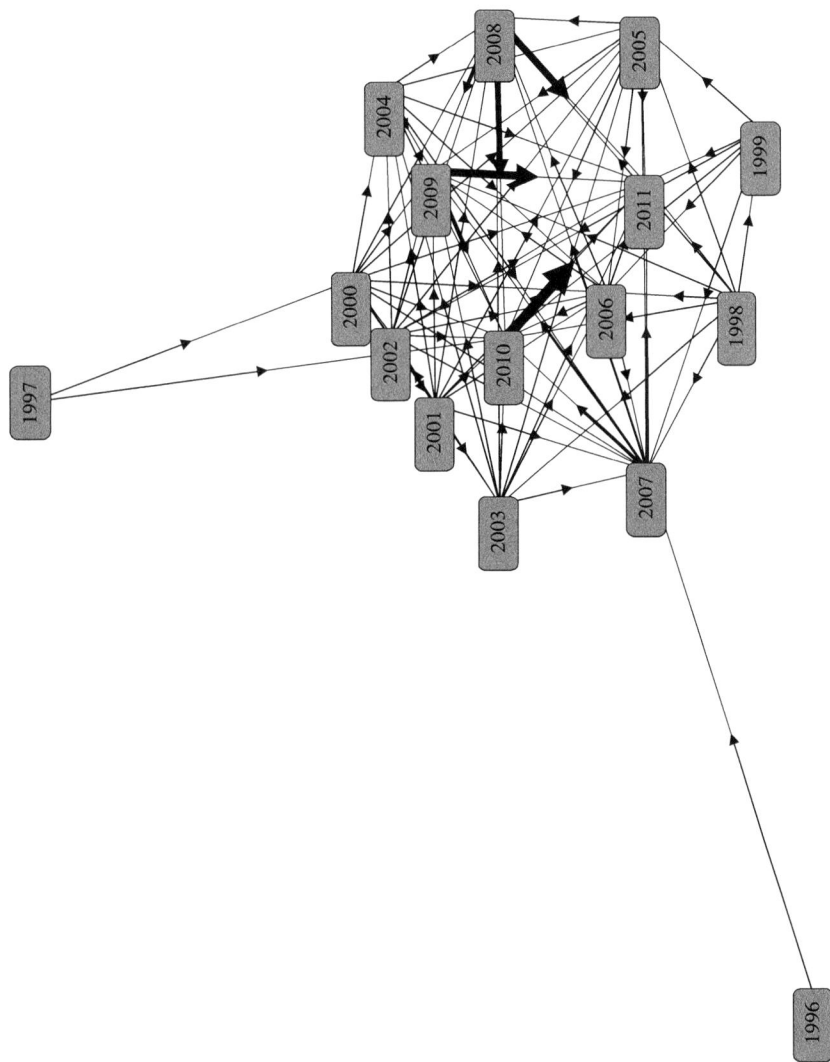

图3-6 DSSC技术SCI论文年代引证关系可视化

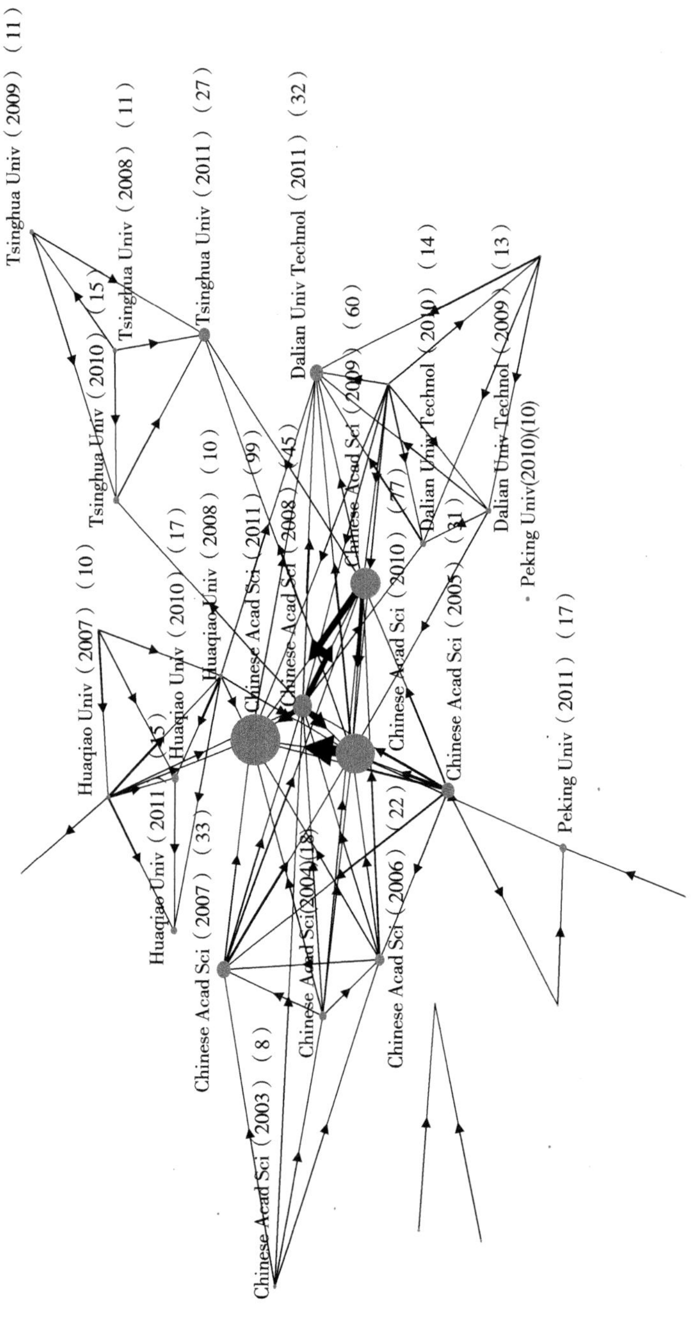

图3-7 DSSC技术SCI论文中国机构年代引证关系可视化

从机构年代引证结果看，2000年前各机构之间的文献引证关系微弱，Chinese Acad Sci、Dalian Univ Technol、Tsinghua Univ、Huaqiao Univ、Peking Univ这5个机构具有较强自引现象，最近2010年和2011年互引的情况增加，其中Acad Sci作为该领域的主要研究机构在文献数量和被引数量方面均具有绝对的数量优势。

3.7.5 大规模科研关系数据可视化

（1）研究思路。

本书上面章节科研关系网络可视化，主要基于网络图进行科研关系网络构建结果的可视化表示，在关系强度的空间映射上，以网络节点间连线的粗细来表示。这种对科研关系可视的表示，在科研关系数据规模较小的情况下，能够清晰地反映科研关系结构。如果面对的科研关系数据规模较大，比如超过500个节点的可视化网络图，不易于对其关系构建结果进行理解和分析。然而，随着学术资源的爆炸式增长，我们往往要面对海量的学术资源，构建的科研关系规模也越来越大。因此，研究大规模科研关系网络可视化技术和方法，对科研关系网络构建结果进行简单、直观和有效的展示，具有更加实际的意义。

目前，针对大规模科研关系数据可视化表示的研究方法可归纳为三类。

方法一：基于人机操作接口辅助可视化结果的阅读和理解。

一些软件工具设计了功能强大的人机操作接口，辅助可视化结果的阅读和理解。比如，图形或图形中节点的缩放、平移，节点及其内容的查找与显示，特殊节点选择和标记，节点文字的显示控制，节点和连线的颜色控制。这些功能使得对大规模网络数据可视化结果的阅读和理解在动态的人机交互过程中完成，使用者可以获得比较全面的信息，但也严重依赖于特定的软件工具。

方法二：采用主题图、热力图等可视化技术。

这种方法在国外的情报分析工具中应用较为普遍，如汤森路透公司的In-novation和美国Sandia国家实验室开发的复杂网络分析工具VxInsight。但由于其涉及的技术、算法较为复杂，国内情报分析领域的研究更多地仅限于对这些工具的直接应用。很少对这些工具背后的技术和方法进行剖析和系统性的研究，同时，很少有国内研究者自己设计开发具有类似功能的可视化系统，成熟的软件产品就更少了。

方法三：引入聚类算法对科研关系网络构建结果进行聚类后再进行可视化输出。

方法一、方法二是在科研关系网络可视化的后期进行的技术上的处理，是对科研关系的最直接的展示，便于科研关系网络可视化结果的理解。除此之外，在可视化之前，引入聚类算法对关系数据进行聚类，再对聚类后的结果应用网络图或主题图进行可视化输出。这种方法大大地缩减了要显示的可视化数据规模，从更高层面关注科研关系，发现规律和趋势。但也使用户无法关注科研关系的细节内容，只能对科研关系进行宏观的分析。

本书主要研究应用热力图的方法进行大规模科研关系数据的可视化表示，详细介绍该方法的技术实现过程。

（2）可视化空间映射与技术实现过程。

首先，建立以热力图进行科研关系网络可视化表示的空间映射关系，这种映射关系对于本书构建的科研关系均适用：以热力图中的颜色深浅（红、黄、绿、蓝渐变）表示数量多少，如机构、作者、主题词的多少等，颜色块的大小区别数据的密集程度，图中的数据点表示科研主体的分布，数据点的文字作为科研主体的标注。此时，数据点之间的距离表示主体之间的关系强度。对于节点和节点文字的标注，依据用户的关注进行是否显示控制。

在技术实现上，应用热力图的方法进行大规模科研关系数据的可视化表示需要解决两个关键的技术问题，一是如何在可视化图形中布局各类科研主体，一是如何进行可视化图形的渲染、绘制，从而完成可视化含义的空间映射。在热力图可视化中，科研主体之间的关系强弱不再以网络图中节点间连线的宽度表示，而是以节点的距离长度来表示。为此，本书"网络结构信息可视化技术"一节列举的 Spring-Embedded Model、Kamada-Kawai layout、Fruchterman-Reingold layout 网络结构可视化算法不再适用，转向以多维标度算法进行点的布局。在可视化图形的绘制和渲染上，采用"热力图可视化技术"一节的热力图绘制技术进行图形的渲染。其中，多维标度算法的实现是基于情报分析软件 VOSViewer 的改进多维标度算法 VOSMapping 进行的，该算法较传统的多维标度算法在稀松距离矩阵的表示上，具有更好的效率和准确性，更适用于科研关系强度的可视化表示[113]。

（3）可视化示例。

仍然选择第三代太阳能电池——染敏太阳能电池（DSSC）技术，SCI 论文数据作为分析对象，构建这些论文的关键词同现关系，以热力图进行可视化表示，对比两种可视化方法的效果。

提取论文中数量排序前 300 的关键词，计算这些关键词的同现数量，以热力图进行可视化表示，则可发现这 300 关键词全部围绕 dye-sensitized solar cell、dye-sensitized solar cell、solar cell|dye-sensitized 三个词进行分布，这与采用的文献检索策略相关。不考虑 dye-sensitized solar cell、dye-sensitized solar cells、solar cell、dye-sensitized、solar cells、cell、cells 等 5 个关键词进一步分析发现染敏太阳能电池技术的研究主题分布在如下几个方面：conversion efficiency（转换效率）、stability（稳定性）、tio2（二氧化钛）、electrodeposition（电极位置）、counter electrode（反电极）、density functional theory（密度泛函理论）、absorption spectra（吸收光谱）等。

3.7.6 用户需求驱动的文献引证关系可视化

（1）研究思路。

在面对海量的文献资源时，如何使用户高效利用引证数据进行资源的查找和浏览，为信息资源服务机构提出了技术挑战。在实践应用中，基于文献间的引证关系，应用信息可视化技术对文献的引证文献和参考文献进行导航浏览，是有效利用引证数据的方式之一。汤森路透集团的 Web of Science 引文索引数据库提供了文献间一级、二级的前向引证（参考文献）、后向引证（引证文献）、双向引证关系图，图中每个节点表示一个文献，并用不同颜色按照节点文献所属作者、机构、期刊、学科等对节点加以区分，并切换节点文本显示内容[114]。中国知网的引文网络图[115]，由节点文献、参考文献、二级参考文献、引证文献、二级引证文献、共引文献和同被引文献七个节点构成，每个节点指向对应文献的文献列表，方便用户对参考文献和引证文献的查看；万方数据知识服务平台[116]与维普期刊资源整合服务平台[117]，也提供了一级的引证文献和参考文献列表。这些对于引证文献和参考文献的导航方式存在共同的特点：引证文献和参考文献一般到二级为止，并且相关的文献一次全部罗列出来，用户被动地接受数据，无法按照自己的需求对更深层级的文献进行快速的、选择性的浏览和查看。虽然通过一些替代的方式也能实现相似功能，但操作的复杂程度和系统交互时间显著增加。

对于文献的阅读者来说，并不是所有的引证文献和参考文献都是其关注内容。文献引证的目的可以分为正常动机的引证[118]和非正常动机的引证[119]，而且即便是正常动机的引证，仍然会存在文献联系程度上的差异，使引证文献和参考文献之间往往具有不同的学科、技术类别、机构、作者等信息。因此，本书研究基于用户需求进行文献引证关系的可视化，即在提取某个文献的引证文献或参考文献时，只有那些满足用户设定条件的文献被提取出来并可视化显示，且每次仅对一个文献进行操作，其余文献则不提取也不显示；对于提取的文献引证关系存储在树形结构中，并以双曲树进行可视化输出。

（2）应用过程。

如图3-8所示，基于用户需求驱动的文献引证关系可视化上，首先，在文献引证数据库中进行待查阅或浏览文献的引证信息搜索，返回一级引证文献集合。然后，以这些文献为参数向文献基础数据库发送浏览请求，搜索这些文献对应的著录项目信息。在进行二级搜索时，用户根据一级引证

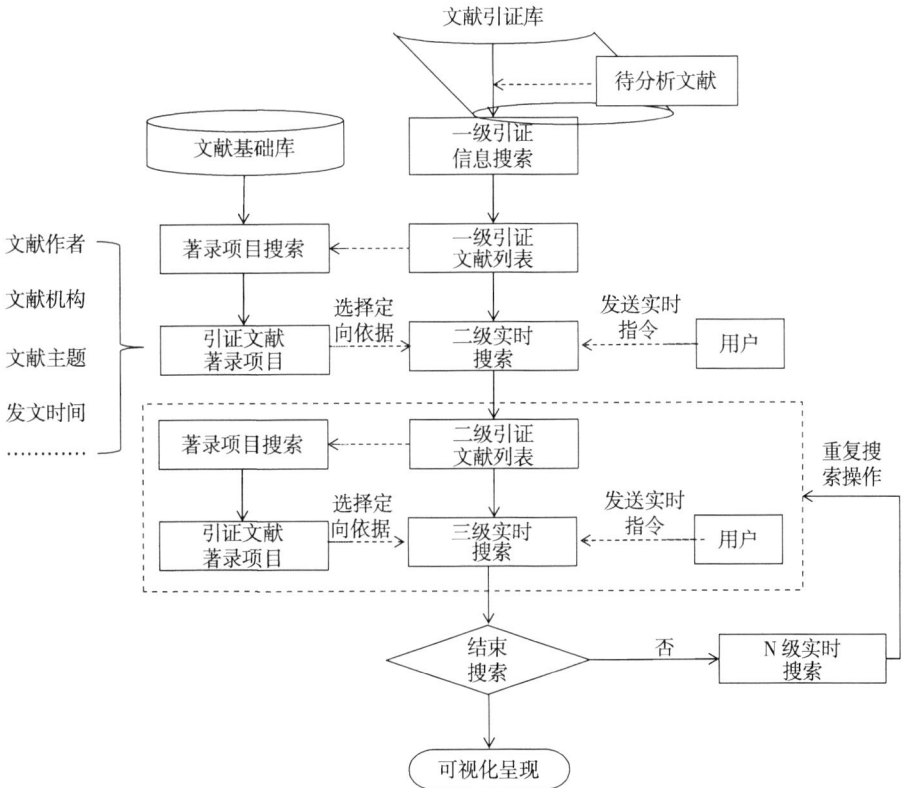

图3-8 用户需求驱动的文献引证关系可视化应用过程

文献的著录项目，如作者、机构、主题等选择进行二级引证搜索的文献作为定向依据，发送二级引证信息的搜索指令。依此类推，重复第N级文献引证信息的定向与搜索。通过这种方式，用户在进行引证信息分析时，把分析重点放在其关注的技术主题和文献所有者上，从而节省文献查阅或浏览的时间。

（3）可视化空间映射。

应用双曲树进行文献引证关系的可视化含义映射：用双曲树的树节点表示文献，节点间带有方向箭头的连线代表文献引证关系，节点的颜色用于区别引证文献与参考文献。如图3-9所示，文献1为用户初始关注的文献，文献2为文献1的参考文献，文献3为文献1的引证文献。同时，节点文字在文献的ID、题目、作者、机构、时间、类别间切换，节点的备注则同时显示这些信息。

图3-9　文献引证关系可视化空间含义映射

（4）可视化示例。

以美国专利文献的引证关系为例，设计数据库存储文献的基本信息和文献之间的引证关系信息。数据库包括文献信息表和文献引证关系表。文献信息表中存储了文献题目、作者、机构、分类、时间、储存路径等，文献引证关系表中存储了文献引证关系中的父文献ID和子文献ID，并与文献信息表中的文献ID构成外键约束。随机选择专利号为7395421的文献作为用户关注的初始文献。该专利文献是Intel公司关于计算机双操作系统启动技术和设备的专利，技术主分类为713/2。利用本书构建的文献引证关系可视化技术，设定用户筛选条件为"与7395421具有相同的申请机构和技术类别"，对其引证专利和参考专利进行可视化浏览。

首先，分别获取专利的一级引证专利和参考专利并可视化输出，如图3-10所示。

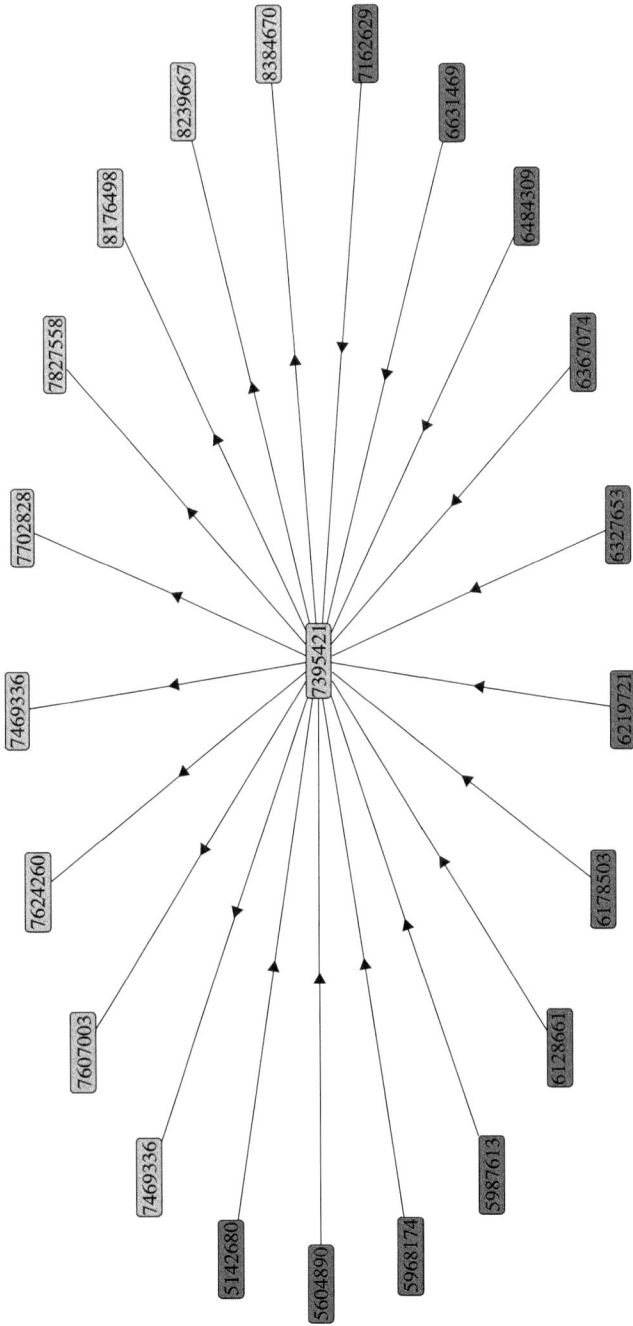

图3-10 一级引证和参考文献

其次，为了按照设定的条件获取二级引证专利和参考专利，切换可视化图形节点显示内容，使每个节点显示节点文献的所属机构，如图3-11所示。

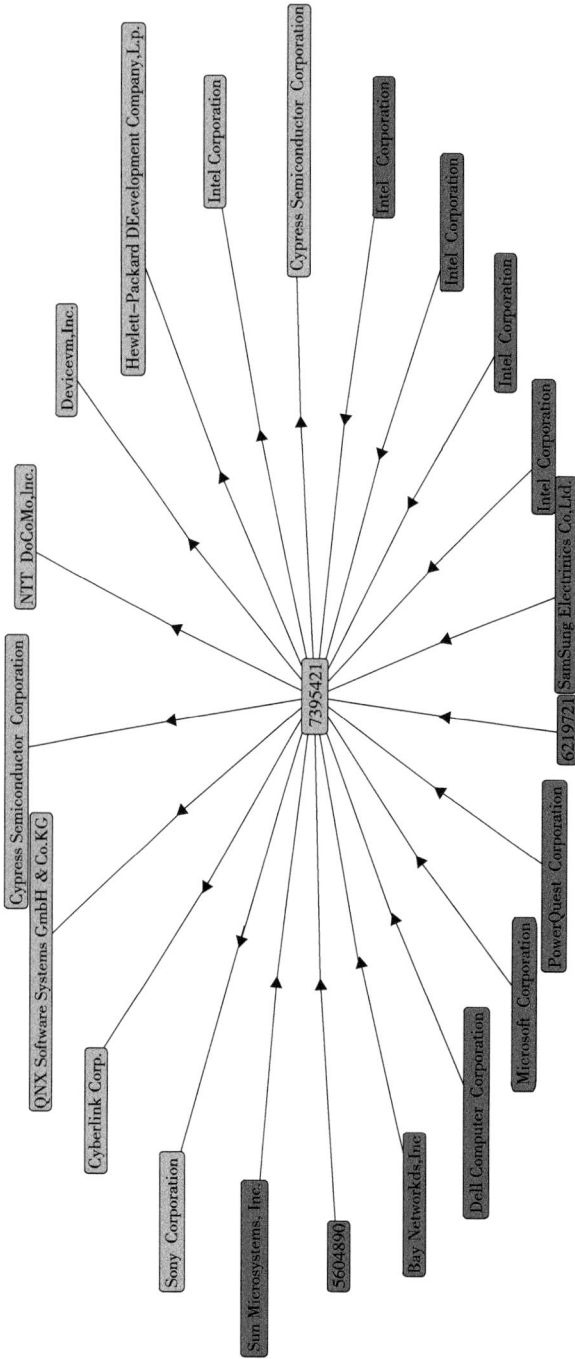

图3-11 一级引证和参考文献所属机构

观察图形发现：一级引证专利中 8239667 为 Intel 公司的专利，参考专利中 6367074、6484309、6631469、7162629 为 Intel 公司的专利；其中引证专利 8239667 和参考专利 6367074、6631469 的技术分类包含 713/2。依次点击这三个专利文献使其置于屏幕中间，获取二级引证专利和参考专利。

在查看专利 8239667 的引证专利时，未发现该专利的引证专利。在查看专利 6367074 的参考专利时，虽然有多个参考专利，但这些参考专利均非 Intel 所有。在查看专利 6631469 的参考专利时，发现满足预先设定的筛选条件，如图 3-12 所示。

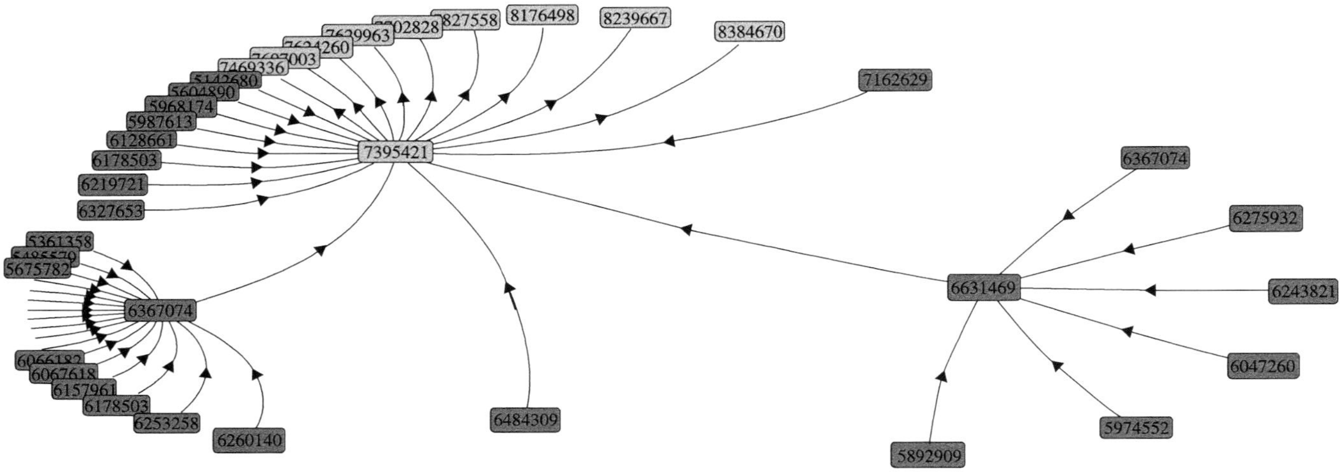

图 3-12 二级引证和参考文献

进一步获取其三级参考专利，发现该专利的三级参考专利中没有满足预先设定条件的参考专利。至此，完成了满足预先设定筛选条件的引证专利和参考专利的可视化浏览。

4 科研关系网络构建系统工具

4.1 系统架构

  基于前面两个章节的相关研究结果，本书设计实现了科研关系网络构建与可视化系统，该系统框架主要由数据处理、关系构建和可视化输出三个功能模块组成。科研关系网络构建后的结果存储在科研关系数据文件中，并作为可视化模块的输入文件。在关系的构建过程中，将数据处理、要素识别、关系计算、结果存储纳入统一的技术框架下；然后，设计专用的数据文件类用以存储关系构建结果；最后，采用可视化手段呈现关系，按照用户的可视化定制条件进行输出样式的修改。系统的结构框架如图4-1所示。

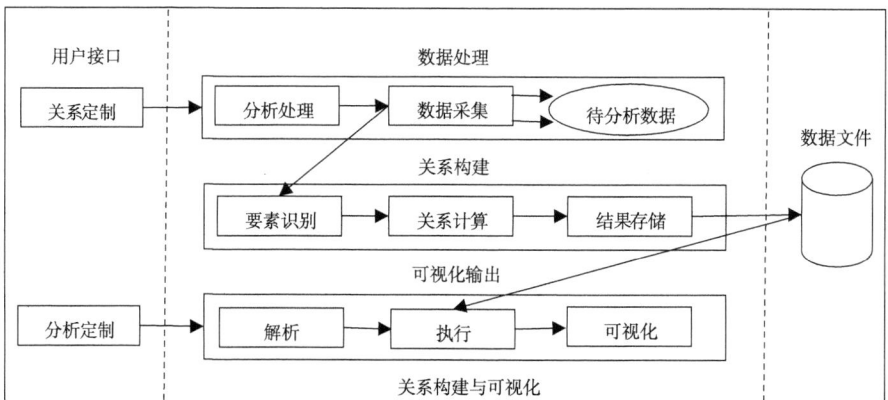

图4-1　科研关系网络构建系统架构

4.2 系统设计

4.2.1 界面设计

基于前面各章关于科研关系网络构建方法和可视化技术的研究，本书设计科研关系网络构建与可视化系统，该系统采用单机版的形式，编程语言为C#+WPF。系统主界面包括菜单栏显示区、工具栏显示区、可视化结果显示区，如图4-2所示。

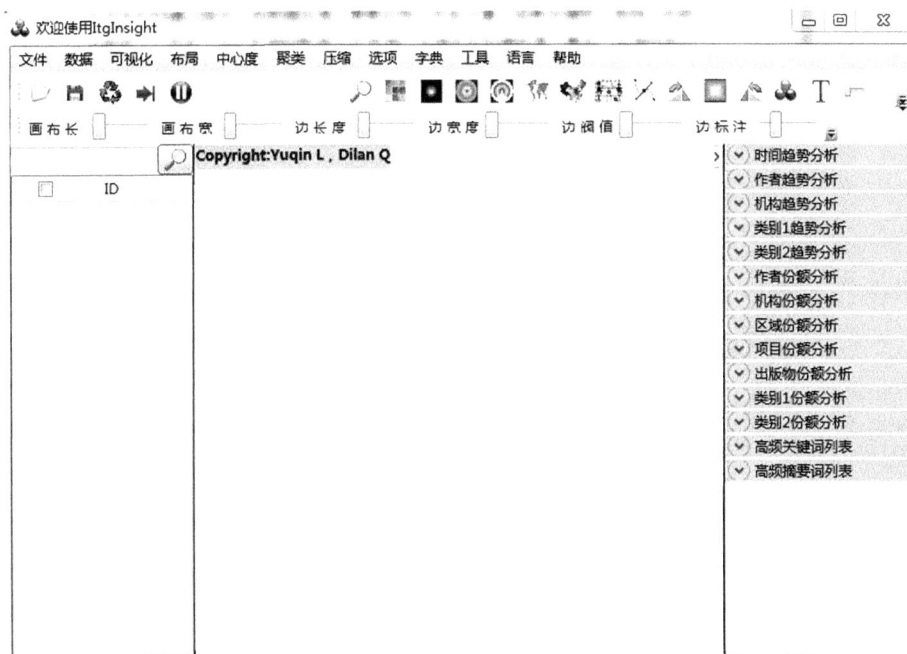

图4-2 科研关系网络构建系统主界面

菜单栏包括文件（存储或读取图形文件）、数据（选择待分析的数据源）、构建（构建科研关系）、可视化（显示可视化结果）、布局（选择可视化布局算法）、样式（调整可视化结果）、设置（系统相关的参数设置）、语言和帮助等9个菜单项。

工具栏又分为快捷操作工具栏和图形缩放操作工具栏。快捷操作工具栏包括打开可视化文件、保存可视化文件、初始化可视化结果、优化可视化结果、停止优化、背景修改、截图、保存为演示文稿、帮助和退出。缩放操作工具栏用于进行可视化图形的平移、缩放，节点、连线、文字的大小、宽度调整，关联分析阈值的设定。

可视化结果显示区用于对科研关系的构建结果进行可视化输出，该区域占据了主页面的大部分。

4.2.2　功能设计

科研关系网络构建与可视化系统的功能设计如下。

（1）设定被分析数据存储路径。点击菜单栏的"数据→路径"，指定数据文件所在的位置，同时在分隔符里填写数据中用于分割字段内容的分隔符。

（2）设定被分析对象的分析数目。点击菜单栏的"设置→分析"，设定被分析对象的分析数目，例如分析文献最多的前30名作者，在相应的文本框中输入数字30。

（3）清洗数据，构建关系。点击菜单栏的"构建→合作关系→机构合作"（其他的关系构建操作与之相同）。系统后台读取数据、按照分隔符对数据进行预处理、构建文档的向量空间模型、计算科研关系。同时，前台页面显示状态条，关系计算完毕后，状态条不再显示。

（4）设定布局算法进行可视化输出。待科研关系计算完成后，点击菜单栏的"布局"，选择布局算法，然后点击菜单栏的"可视化→初始\优化\停止"，进行可视化输出。

（5）修改可视化结果的输出样式。对于输出的可视化图形，通过点击菜单栏的"样式"进行节点和连线的样式修改。

（6）修改图形。对于图形、节点、连线、文字、阈值（仅用于关联分析）的大小，通过第二个工具栏的滑块进行设置。

（7）可视化结果保存。系统提供了三种方式进行可视化结果的保存。通过工具栏的截图将图形存储为JPG格式，这种保存后无法对图形进行修改；通过文件保存将可视化结果以类的序列化进行保存，这种保存方式可以对图形进行后续修改；通过PPT把可视化结果中的点、线、文字输入PPT演示文稿中，这种方式修改图形更加灵活。

4.2.3 渲染设计

在可视化图形的含义映射方面，本书设计了顶层的渲染框架，编码实现了四类基本的映射关系，如表4-1所示。

表4-1 可视化含义映射表

科研关系	可视化空间含义映射						
	节点大小	节点形状	节点颜色	节点文字	连线粗细	连线方向	连线文字
合著关系	与文献数量多少成正比	无意义	红、绿、黄色分别表示署名第一、第二、第三及以后的文献数量	科研主体名称及其研究重点关键词	与合著数量成正比	无意义	合著文献数量
同现关系	与出现频数成正比	无意义	无意义	关键词、主题、学科、技术类别	与同现数量成正比	无意义	同现数量
耦合关系	与文献数量多少成正比	无意义	与合著关系相同或无意义	与合著关系相同	与耦合数量成正比	无意义	耦合数量

续表

科研关系	可视化空间含义映射						
	节点大小	节点形状	节点颜色	节点文字	连线粗细	连线方向	连线文字
主体年代引证关系	同上	无意义	同上	同上	与被引用数量成正比	与引用方向相同	被引用数量
主体关联关系	同上	无意义	同上	同上	与关联强度成正比	无意义	关联强度数值
主体与内容关联关系	同上	圆形表示科研主体,矩形表示科研内容,如关键词、主题、学科、技术类别等	无意义	科研主体名称,关键词、主题、学科、技术类别	与关联强度成正比	无意义	关联强度数值

4.2.4　人机交互接口设计

为增强用户对可视化图形进行个性化的修改,增强可视化结果的可阅读性和可理解性,系统设计了大量的可视化结果的人机交互接口操作,参见表4-2。

表4-2　可视化结果人机交互接口操作表

操作类型	操作内容	操作方式
图形整体	图形缩放	通过图形缩放按钮更改可视化图形的大小
	图形平移	通过鼠标拖动并按下Shift键实现图形的平移
	图形背景	通过菜单栏的系统颜色对话框更改图形颜色
	图形保存	通过类的序列化保存图形
	图形样式	通过图形样式菜单切换图形显示样式
节点操作	节点缩放	通过节点缩放按钮更改节点大小
	节点颜色	通过节点颜色按钮更改节点颜色
	节点文字大小	通过节点文字大小按钮更改节点大小
	节点备注大小	通过节点备注大小按钮更改节点备注大小
	节点平移	通过鼠标拖动并按下左键对优化过程中的图形节点进行位置移动

操作类型	操作内容	操作方式
连线操作	连线粗细缩放	通过连接线粗细按钮更改连接线的粗细
	连线颜色	通过连接线颜色按钮更改连接线颜色
	连线文字大小	通过连接线文字大小按钮更改连接线文字大小
	连线阈值	通过阈值大小按钮更改连接线显示阈值

4.3 系统实现

4.3.1 字段映射与数据清洗

为了提高工具对各种数据源的处理能力，采用两种特殊的处理方式：一是建立数据过滤器，过滤器中存储了有关数据源结构特征的信息。如针对SCI、CNKI论文和德温特专利的过滤器设计如下。

```
<?xml version="1.0" encoding="utf-8"?>
<Config>
<FieldMap>
<Source>Wos</Source>
<ID>DI</ID>
<Keyword>DE</Keyword>
<Abstract>AB</Abstract>
<Authors>AU</Authors>
<Affiliation>C1</Affiliation>
<Class1>WC</Class1>
<Class2>SC</Class2>
```

```
<Countries>C1</Countries>
<Founders>FU</Founders>
<Publication>SO</Publication>
<Description>
</Description>
<Reference>CR</Reference>
<ReferencedBy></ReferencedBy>
<Time>PY</Time>
<Title>TI</Title>
<Number1>TC</Number1>
<Number2>CR</Number2>
<Number3></Number3>
</FieldMap>
</Config>

<?xml version="1.0" encoding="utf-8"?>
<Config>
<FieldMap>
    <Source>Cnki</Source>
<ID></ID>
<Keyword>Keyword-关键词</Keyword>
<Abstract>Summary-摘要</Abstract>
<Authors>Author-作者</Authors>
<Affiliation>Organ-单位</Affiliation>
<Class1></Class1>
<Class2></Class2>
```

```
<Countries></Countries>
    <Founders>Fund-基金</Founders>
<Publication>Source-文献来源</Publication>
<Description>
</Description>
<Reference></Reference>
<ReferencedBy></ReferencedBy>
<Time>PubTime-发表时间</Time>
<Title>Title-题名</Title>
    <Number1></Number1>
    <Number2></Number2>
    <Number3></Number3>
</FieldMap>
</Config>


<?xml version="1.0" encoding="utf-8"?>
<Config>
<FieldMap>
    <Source>Derwent</Source>
<ID>UT</ID>
<Keyword></Keyword>
<Abstract>AB</Abstract>
<Authors>AU</Authors>
<Affiliation>AE</Affiliation>
<Class1>DC</Class1>
<Class2>MC</Class2>
```

```
<Countries>AD</Countries>
    <Founders></Founders>
<Publication>AD</Publication>
<Description>
</Description>
<Reference></Reference>
<ReferencedBy></ReferencedBy>
<Time>PI</Time>
<Title>TI</Title>
<Number1>TC</Number1>
    <Number2>CR</Number2>
    <Number3></Number3>
</FieldMap>
</Config>
```

　　数据过滤器实际是外部数据源字段信息与软件嵌入字段信息的字段映射关系，当对数据进行清洗和关系计算时，系统根据映射关系进行相应字段的提取，并调用数据清洗器进行数据清洗。其中，Class1 和 Class2 针对专利数据用来映射国际专利分类号和美国专利分类号（或欧洲专利分类号）；针对论文数据用来映射论文的主题或学科，具体映射关系根据数据特征和分析需求进行调整。

　　第二种方式是建立通用数据清洗器和专用数据清洗器。通用数据清洗器处理的数据具有这样的特征，即同一个字段中存储的文献属性相同，且采用相同的分隔符进行分割，比如 CNKI 论文数据的 "Author-作者" 字段存储的都是作者信息，且用 ";" 进行多个作者的分割。专用数据清洗器处理的数据往往在同一字段中存储多种文献属性，如SCI论文的"C1"字段既有机构信息，又有国家信息。

4.3.2 科研关系网络构建引擎

科研关系网络构建引擎主要实现对文献集合各种科研关系的计算，形成关系矩阵，为可视化引擎提供数据输入。实现过程中采用向量空间模型，设计了向量空间模型类VectorSpaceModel，以文献集合为构造函数参数，将非结构化的文档要素转化为数值型的表示形式，进而应用文档适配器DoctorAdapterRelation，对向量空间模型中的各种信息进行数量统计和科研关系计算。

4.3.3 科研关系网络可视化布局引擎

首先，定义有向网络图和无向网络图的数据结构类——DirectedGraph和UndirectedGraph；然后，分别定义算法 Spring-Embedded Model、Kamada-Kawai layout、Fruchterman-Reingold layout 的实现类，这些类以图形类 DirectedGraph 和 UndirectedGraph 为构造函数的输入参数，每个函数实现抽象类 AbstractLayout 的接口 Optimize 对网络图进行布局优化。类的结构和关系分别如图4-3和图4-4所示。

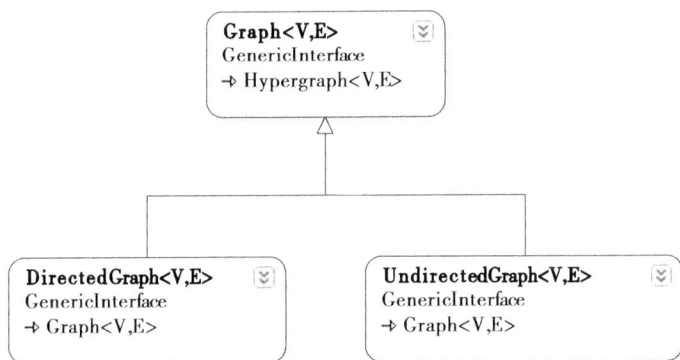

图4-3 可视化图形类结构

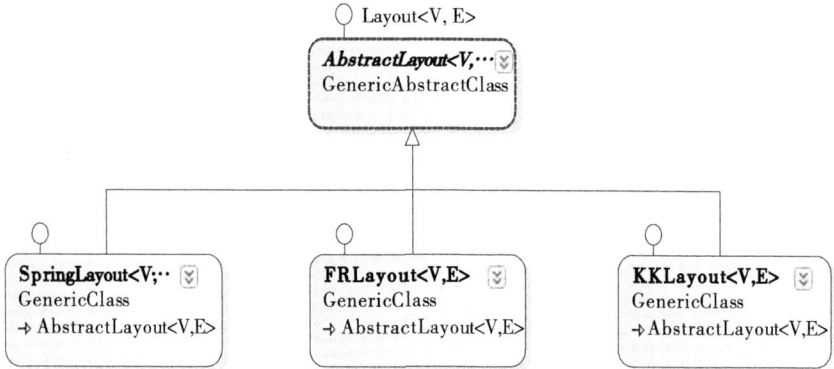

图4-4　网络结构可视化布局算法类关系

4.3.4　科研关系网络可视化渲染引擎

为了实现各种科研关系的可视化表示，设计抽象渲染类RenderAbstact，该抽象类继承接口Render的绘图函数Draw（Power Point.Application canvas）和Draw（Drawing Context canvas），这两个函数分别实现图形数据的两种不同绘制方式。在具体实现类一层，每一个构建方法对应一个可视化的渲染类，如Render Corelation专门用来实现关联分析的可视化图形渲染，Render Coauthor专门用来实现合作关系的可视化图形渲染。

同时，为了实现可视化图形输出效果的个性化修改，设计节点渲染类、节点名称渲染类、连线渲染类，用以实现不同的节点可视化表现形式，如图4-5所示。

○ RenderNode
RenderNode_Circle_3D ⊗
Class

○ RenderNode
RenderNode_Circle_3D_R ⋯ ⊗
Class

○ RenderNode
RenderNode_Circle_3D_Uniform ⊗
Class

○ RenderNode
RenderNode_Circle_Ring ⊗
Class

○ RenderNode
RenderNode_Rectangle ⊗
Class

○ RenderNode
RenderNode_Rectangle_Content ⊗
Class

○ RenderNodeLabel
RenderNodeLabel_NodeName ⊗
Class

○ RenderNodeLabel
RenderNodeLabel_NodeName_Uniform ⊗
Class

○ RenderEdge
RenderEdge_Directed ⊗
Class

○ RenderEdge
RenderEdge_NoDirected ⊗
Class

○ RenderEdge
RenderEdge_Directed_Uniform ⊗
Class

○ RenderEdge
RenderEdge_NoDirected_Uniform ⊗
Class

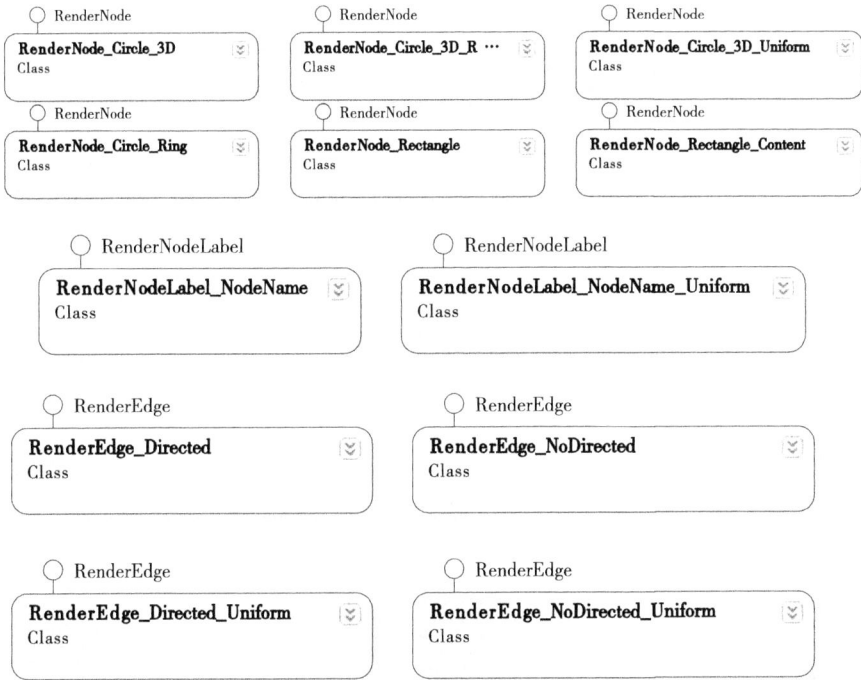

图4-5　节点与连线渲染类关系

5 基于科研关系网络的高校科研管理实证应用

5.1 基于科研关系网络的高校科研机会分析

作为高校科研创新的基础，选择合适的科研主题，识别正确的科研机会是高校科研活动能否顺利开展的关键，是进行任何一项科研创新都必须要考虑的重要因素，为科研创新提供了契机和可能性。开展高校科研机会分析和挖掘，对于高校开展科研创新活动，相关领域科研人员制定决策规划、调整发展方向，以及集中有限力量在特定领域有所突破均具有重要意义。

5.1.1 基于科研关系网络的科研机会分析方法

科学论文体现基础科研水平，发明专利体现技术创新水平。大型数据库如科学文献数据库（SCI、EI、SSCI等）和专利文献数据库（DERWENT、USP-TO、PCT等）是最能反映基础学科水平和技术创新质量的知识高地，汇集了当今国际科技成果的精萃，成为科技界密切注视的中心和焦点。对上述数据库进行分析，可以较好地识别和把握当今科技前沿可能存在的科研发展机会。

挖掘隐藏在这些大型数据库中海量数据背后的科研机会，需要通过一定的技术手段。本书借鉴数据挖掘的思想，利用科研关系中的共词关系、关联关系分析，设计简便、实用、可操作性强的技术机会分析方法，绘制技术机会分析图谱，以期为科研机会的分析和识别提供一种现实可行的思路和手段。

5.1.2 实证研究

（1）领域选择。

知识图谱与知识可视化是图书情报科学领域研究的重要内容之一，二者相互联系、相互促进，对现代数字图书馆环境下进行深入挖掘知识内容，提供知识服务，把握科学发展趋势，为各学科提供战略决策服务具有重要意义。近年来，知识图谱与知识可视化悄然兴起，国内相关研究不断涌现，并且本书的科研关系网络可视化方法与知识图谱、知识可视化均有着密切的关系。因此，本书选择图书情报学领域关于知识图谱和知识可视化相关的中文期刊论文，用以发现国内在知识图谱和知识可视化领域的研究现状，探寻该领域可深入开展的科研机会。

（2）数据搜集。

本书以万方知识服务平台作为研究的数据来源，选择图书情报与数字图书馆学科，发表于2002—2011年的、主题与知识图谱或知识可视化相关的中文核心期刊论文。具体检索词为"知识图谱""可视化"，通过题名、关键词、主题3种方式，选择"精确"检索途径，检索时间段设定为2002—2011年，文献类型为期刊论文，检索得到论文共342篇，这些论文的期刊分布如表5-1所示。从分布来看，大部分为图书情报领域的论文，部分与管理科学相关，极少部分发表在大学学报上。

表5-1　知识图谱与知识可视化论文的期刊分布

序号	出版物	数量	所占比例/%
1	图书情报工作	58	16.96
2	情报杂志	44	12.87
3	情报科学	35	10.23
4	现代图书情报技术	34	9.94

续表

序号	出版物	数量	所占比例/%
5	情报理论与实践	26	7.60
6	中国图书馆学报	20	5.85
7	图书馆杂志	12	3.51
8	图书馆学研究	12	3.51
9	图书情报知识	10	2.92
10	图书馆理论与实践	8	2.34
11	图书馆论坛	8	2.34
12	大学图书馆学报	7	2.05
13	情报资料工作	6	1.75
14	图书馆	5	1.46
15	科学学研究	3	0.88
16	现代情报	3	0.88
17	中国高教研究	3	0.88
18	图书馆建设	3	0.88
19	中国远程教育	3	0.88
20	图书与情报	2	0.58
21	科技管理研究	2	0.58
22	科研管理	2	0.58
23	商业时代	1	0.29
24	教育研究与实验	1	0.29
25	兰台世界	1	0.29
26	编辑学报	1	0.29
27	计算机工程与应用	1	0.29
28	武汉大学学报（哲学社会科学版）	1	0.29
29	军事医学科学院院刊	1	0.29
30	国家图书馆学刊	1	0.29
31	管理工程学报	1	0.29
32	信阳师范学院学报（自然科学版）	1	0.29

续表

序号	出版物	数量	所占比例/%
33	重庆大学学报（社会科学版）	1	0.29
34	国外社会科学	1	0.29
35	中国软科学	1	0.29
36	图书馆工作与研究	1	0.29
37	广西师范大学学报（自然科学版）	1	0.29
38	科技进步与对策	1	0.29
39	上海交通大学学报	1	0.29
40	其他	18	5.57

（3）科研关系网络构建与可视化。

发掘科研机会首要解决研发主题分布和发展过程的分析与挖掘，从而发现科研的突破口。从文献关键词同现的角度构建文献共词关系，从整体和不同时间阶段去发现科研主题的分布，并结合不同年代科研内容关联关系，揭示研究主题内容的变化。图5-1为2002—2011年知识图谱与知识可视化中文期刊中同现数量大于1的关键词同现网络可视化结果。

（4）分析结果与建议。

总体来看，国内期刊关于知识图谱与知识可视化的研究中，"知识检索""数字图书馆""引文分析""社会网络分析""共词分析""研究热点""CiteSpace""聚类分析"处于整个研究内容的中心位置。

从词与词之间的关系可以将整个研究内容进一步划分为五个子的科研方向，按照规模的大小依次为：

方向1：基于引文分析、共词分析、聚类分析的社会网络分析方法在文献计量学、科学计量学中的应用，如对"研究前沿"和"研究热点"内容的分析。其中"引文分析"与"CitSpace"软件关系密切，"聚类分析"与"多维尺度""共被引""Pajek"软件有着一定的联系，"共词分析"直接与"社会网络分析"相关。

方向2：结合本体、语义网、可视化技术的数字图书馆知识检索，这个技术组群以"知识检索"和"数字图书馆"为中心，探讨的是数字图书馆知识检索相关的技术问题，如语义网、本体、人机交互等。

方向3：地理信息系统相关技术与图书馆的结合，探讨的是地理信息系统技术在图书馆管理中的技术应用。

方向4：与分类法、知识地图结合的知识管理。

方向5：与数据挖掘结合的知识发现。

进一步按年代划分文献进行分析，2008、2009、2010、2011年这4年的文献量较多，研究内容关联性较强。"知识检索"作为主要的研究内容从2002年到2010年具有连续性；"引文分析""社会网络分析""CiteSpace"等内容在2008年之后逐渐取代"知识检索"成为主要研究内容；对于"本体"研究的关注度从2006年、2007年、2008年逐渐递增、2009年开始减弱，"地理信息系统"仅在2006年出现，之后便少有相关研究内容。

通过挖掘各时间阶段内国内知识图谱与知识可视化中文期刊研究内容的共词关系，进一步分析各阶段研究内容的特点和规律。

阶段1（2002年）：这一阶段可视为知识图谱和知识可视化的起步，研究内容以可视化的知识检索为主，少量关于信息服务质量方面的探讨。

阶段2（2003—2004年）：这一阶段是数字图书馆、知识检索、可视化融合的阶段，"数字图书馆"与"知识检索"通过"人机交互"联系起来，对于数字图书馆的研究内容以信息资源为主；同时期出现了对地理信息系统与图书馆相结合、引文与聚类的研究。

阶段3（2005—2006年）：这一阶段保留上一阶段基本特征的同时，出现大量新兴的研究主题，如"叙词表""本体""智能检索""德温特专利""分析工具""网络计量学""科学计量学""学术评价""软件设计"等。对于图书馆的研究向个性化服务、智能推荐扩展，可视化技术和可视化工具更加具体化。

阶段4（2007—2008年）：这一阶段与知识检索相关的研究内容进一步分

化，如"引文分析""共引分析""信息组织""信息服务""认知分析"；"本体""本体构建""语义检索"研究内容进一步强化；"知识管理""知识地图""竞争情报分析""叙词表可视化""科技政策""服务平台""资源集成"等新的技术主题大量出现。

阶段5（2009—2010年）：这一阶段研究内容变化显著，除少量之前各阶段研究内容保留外，形成了以"引文分析""共词分析""社会网络分析""CiteSpace"为核心的错综复杂的同现网络，而这些研究内容在之前各阶段出现的频率非常小。

阶段6（2011年）：这一阶段形成两个明显的研究组群，一个以"数字图书馆"为中心，研究内容与之前的内容具有连续性；另一个以"研究热点"为中心，与"共词分析""引文分析""社会网络分析""CiteSpace"形成关系密切的网络。

从以上研究内容的科研方向分布和各阶段研究内容的变化来看，国内对于知识图谱图与知识可视化的研究，主要集中在两方面：数字图书馆可视化的知识检索与服务，该研究内容一直是该领域研究的主要内容；另一方面是近年来发展迅速的基于引文、共词、聚类等技术，结合社会网络可视化方法进行的"研究热点""研究前沿"的应用研究，其中包括对国外软件工具的具体应用，如CiteSpace、Pajek、Histcite等。

从科研机会的角度看，那些与处于核心地位的研究关系密切、而在现有研究中未深入开展的内容，更容易出现研发机会。因此，本书认为国内对于知识图谱和知识可视化的研究可从以下几方面进行。

研发机会1：用于支撑开展"研究前沿""研究热点"跟踪的分析方法、可视化技术和软件工具研究。目前，对"研究前沿""研究热点"的文献多是基于引文分析、共词分析，可视化以社会网络图为主，软件工具均为国外工具，这些研究内容是对现有技术和方法的应用，研究很少涉及底层的技术、算法和方法，对软件工具设计和开发的研究更少。

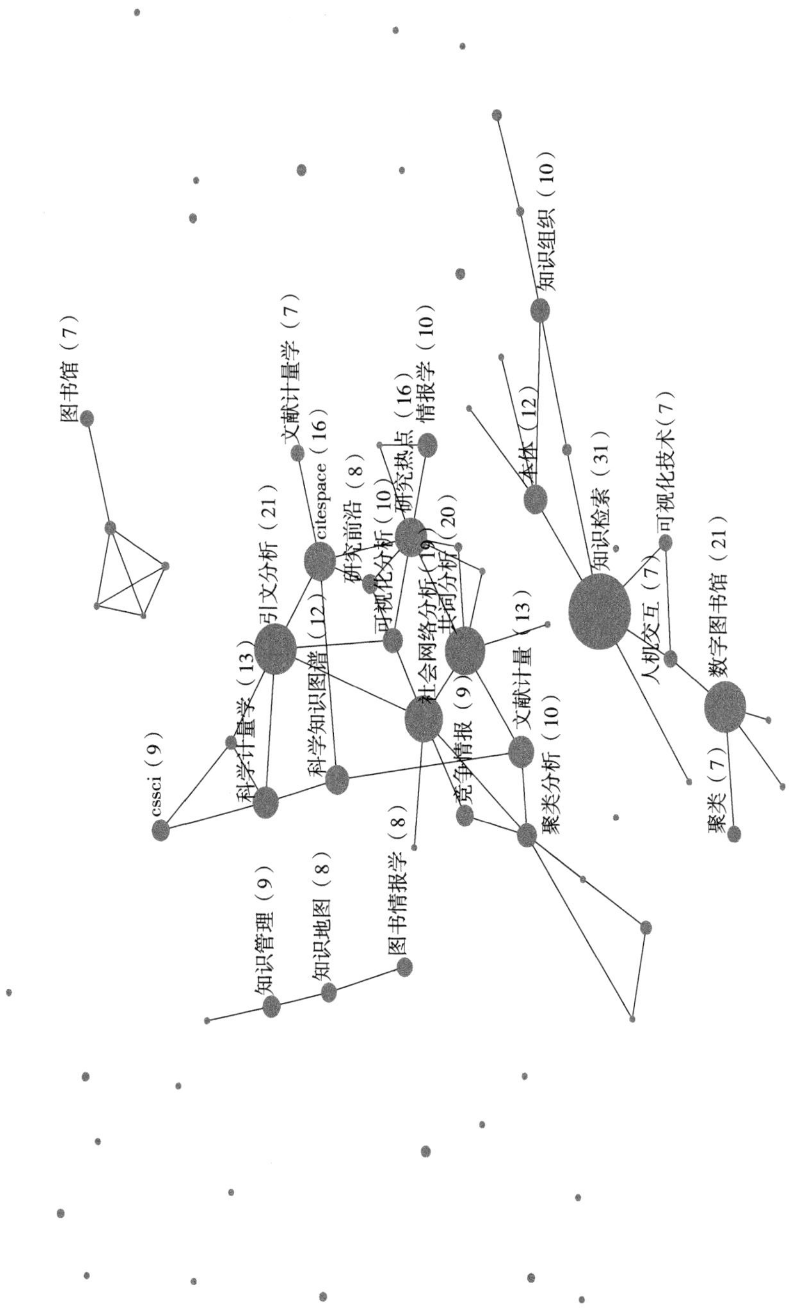

图5-1　知识图谱与知识可视化中文期刊论文关键词同现可视化结果

研发机会2：数字图书馆的可视化知识服务。关于数字图书馆的可视化服务方面，可视化知识检索一直是该领域的主要研究内容，结合目前国内数字图书馆的发展来看，这一研究内容将会持续发展，也是该领域一个主要的技术机会。但研究内容不能仅仅停留在理论层面的探讨，更多的是结合数字图书馆的特点进行的实践应用。

研发机会3：应用于技术管理层面的可视化知识发现与数据挖掘。对于可视化技术的应用，除了与数字图书馆结合的知识检索、与情报分析结合的研究热点跟踪外，其他应用层面的研究不多。对于在数据挖掘与可视化技术的结合上，大多侧重于对分析和挖掘结果的可视化展示。将可视化与数据挖掘和知识发现融合，进行技术管理层面的应用研究也是未来的一个技术方向。

研发机会4：知识图谱和知识可视化工具。对于图书情报领域专用的软件工具，基本以国外软件工具的介绍和应用为主，国内研究者很少设计我们自己的国产软件工具。随着国内软件技术的发展和人们对工具需求程度、重视程度的增强，这一方向具有一定的发展机会。

5.2 基于科研关系网络的高校科研评价

在科研管理领域，科研评价主要针对科研活动中相关的人、事、物进行评价，可归纳为科学出版物评价，如学术期刊；科研机构评价，如科研院所；科研工作者评价，如科研水平、工作绩效；学科评价，如学科结构与发展状况等几个方面的评价。高校科研评价是高校科研管理工作的重要组成部分，是保证高校科学研究活动顺利进行的最基本保障，对促使科研水平提高、促进科研交流和科研持续创新发展以及成果转化都具有重要作用，对推动国家科技事业持续健康发展、促进科技资源优化配置、提高科技管理水平具有重要意义。

5.2.1　基于科研关系网络的高校科研评价方法

科研评价过程是一个多学科融合的过程，评价的方法因评价目标、内容、标准差异而不同，常用的科研评价方法大体分为以下几大类：层次分析法、模糊综合评判法等综合评价法，主成分分析、因子分析等统计学方法，引文分析、词频分析等文献计量学方法及社会网络分析方法等。

本书从科研关系的角度进行科研评价，不在于建立完整、全面的科研评价体系，而是力图将本书构建的科研关系方法和可视化技术作为现有科研评价方法的辅助手段，发现以往方法中被忽视的内容。为此，本书研究的科研评价内容为基于科技文献数据的、针对特定技术领域、技术主题或学科的科研工作者评价、科研机构评价和期刊评价。评价的目的在于发现被评价对象是否具有某方面的研究内容或成果，数量多少，有无价值，价值大小，以及对领域的影响力如何。

本书进行科研评价过程中，以数量指标、质量指标和相关性指标来综合反映评价结果。数量指标是基础、质量指标是核心、相关性指标是重要参考。数量和质量是研究内容或成果的数量与质量特征，通过科研合作关系进行揭示和评价。相关性是指研究内容或成果与其他研究内容或成果的相关关系，描述了某一研究内容或成果对其他研究内容或成果的影响，即描述该项研究内容或成果的影响力。本书通过同一时间阶段内文献作者、机构、期刊之间的关联关系来揭示研究内容或成果之间的关联性；通过不同时间阶段文献作者、机构、期刊之间的年代引证关系，发现不同时间阶段研究内容或成果的相关性，发现特定阶段研究内容或成果与以前的研究内容或成果的相关性以及该阶段研究内容或成果与以后的研究内容或成果的相关性，进而评价其影响。评价内容与科研关系的适用关系如表5-2所示。

表5-2 基于科研关系网络的科研评价表

	合作关系	关联关系	年代引证关系
科研工作者评价	Ö	Ö	Ö
科研机构评价	Ö	Ö	Ö
期刊评价		Ö	Ö

5.2.2 实证研究

仍然选择图书情报与数字图书馆学科中知识图谱与知识可视化领域的中文期刊论文数据，从科研合作关系、关联关系、年代引证关系分别针对该领域的论文作者、研究机构、学术期刊进行评价，揭示其研究内容与成果在同领域的数量、质量和影响力。

（1）文献作者评价。

如图5-2为知识图谱与知识可视化领域论文数量排名前30位作者的合作关系，其中，姜春林、邱均平、周宁、刘则渊、侯汉清、赵蓉英、汤建民、肖明、李国俊发文数量较多，占据前10位；并且形成了分别以邱均平、周宁、刘则渊、汤建民为中心的多个小的研究团体。考虑作者在论文中的发文顺序，刘则渊、侯汉清、周宁、汤建民的第一作者发文量显著减少，刘则渊、侯汉清甚至更多的是以第二、第三或以后作者身份出现。从作者之间的文本关联性来看，如图5-3所示，仅具有合作关系的作者之间关联密切，这反映了该领域中无合作关系的主要研究者之间的研究内容存在一定差异，同一时间阶段相互之间的横向影响力不显著。进一步按年度划分，构建作者年代之间的引证关系，如图5-4所示，刘则渊（2009）、刘则渊（2010）、周宁（2007）、侯汉清（2008）发表的论文对其他主要作者的后续研究内容有一定的影响力，且影响仍然不显著。但每个作者文献的平均被引用率却较高，如表5-3所示。说明这些主要研究者对整个领域来说不但论文数量靠前，论文质量相对来说也是较好的。

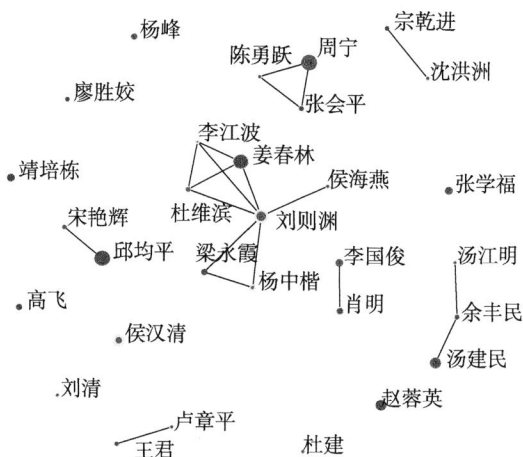

图5-2 知识图谱与知识可视化中文期刊论文作者合作关系可视化

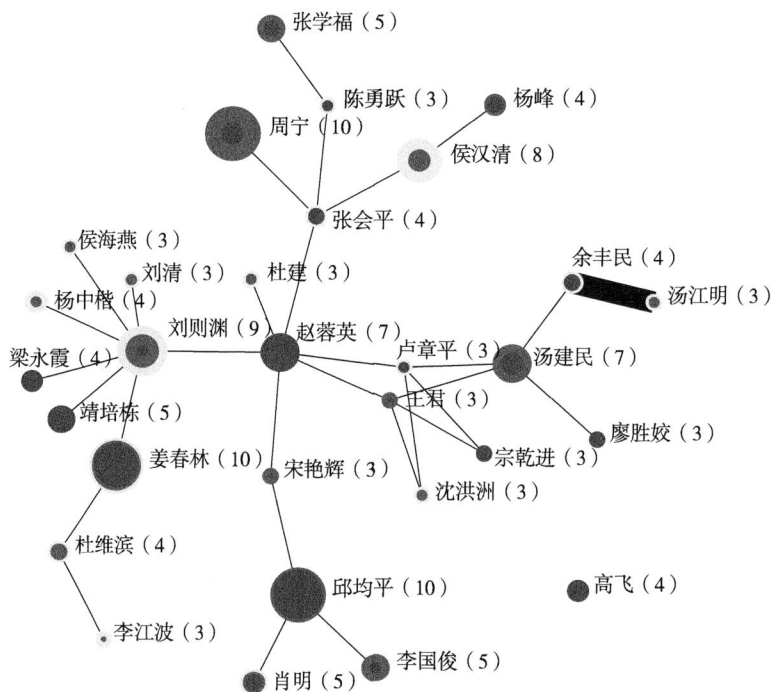

图5-3 知识图谱与知识可视化中文期刊论文作者关联关系可视化

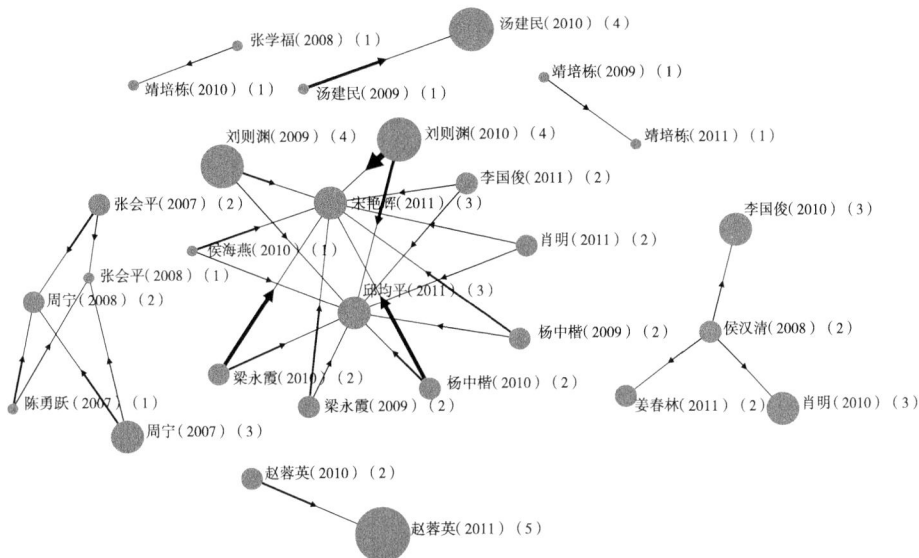

图5-4 知识图谱与知识可视化中文期刊论文作者年代引证关系可视化

表5-3 知识图谱与知识可视化排序前30位作者论文平均被引用数量表

序号	作者	平均被引用数量	序号	作者	平均被引用数量
1	姜春林	8.80	16	杨峰	9.75
2	邱均平	12.30	17	高飞	13.00
3	周宁	5.00	18	汤江明	8.67
4	刘则渊	10.78	19	宗乾进	32.33
5	侯汉清	19.13	20	沈洪洲	32.33
6	赵蓉英	13.29	21	王君	13.33
7	汤建民	9.43	22	卢章平	13.33
8	肖明	12.20	23	宋艳辉	16.33
9	李国俊	12.20	24	刘清	18.00
10	靖培栋	8.60	25	杜建	11.33
11	张学福	10.20	26	李江波	14.00
12	余丰民	9.50	27	侯海燕	3.00

续表

序号	作者	平均被引用数量	序号	作者	平均被引用数量
13	梁永霞	14.50	28	陈勇跃	7.67
14	杨中楷	14.50	29	廖胜姣	5.67
15	杜维滨	15.50	30	杨峰	9.75

（2）研究机构评价。

图5-5所示为知识图谱与知识可视化领域论文数量排名前30位研究机构的合作关系，其中，武汉大学信息管理学院、武汉大学信息资源研究中心、中国科学院国家科学图书馆、南京大学信息管理系、浙江树人大学科学计量学研究中心、北京师范大学管理学院、中国科学院研究生院、武汉大学科学评价研究中心、大连理工大学21世纪发展研究中心、中国科学技术信息研究所，占据前10位；并且形成了分别以武汉大学信息资源研究中心、中国科学院国家科学图书馆、南京大学信息管理系、中国科学技术信息研究所为中心的多个小的研究团体，呈现出机构内部合作较多，尤其是武汉大学的各个内部机构，机构间除了中国科学技术信息研究所与上海图书馆上海科学技术情报研究所、北京大学信息管理系有少量合作外，其他合作不明显。考虑机构在论文中的发文顺序，仅有中国科学院研究生院有一些作为二、三作者的论文。

图5-6所示为知识图谱与知识可视化领域发文数量排名前30位机构之间按年代构建的引证关系网络，从机构的年代引证关系看，武汉大学信息管理学院（2010）不但文献数量多，被引用数量也多，但都局限于武汉大学内部的其他机构，影响力范围有限。大连理工大学WISE实验室（2010），文献虽少，但得到武汉大学科学评价研究中心（2011）、武汉大学中国科学评价研究中心（2011）、九江学院图书馆（2011）等研究机构的引用，超出了对机构本身的影响范围。

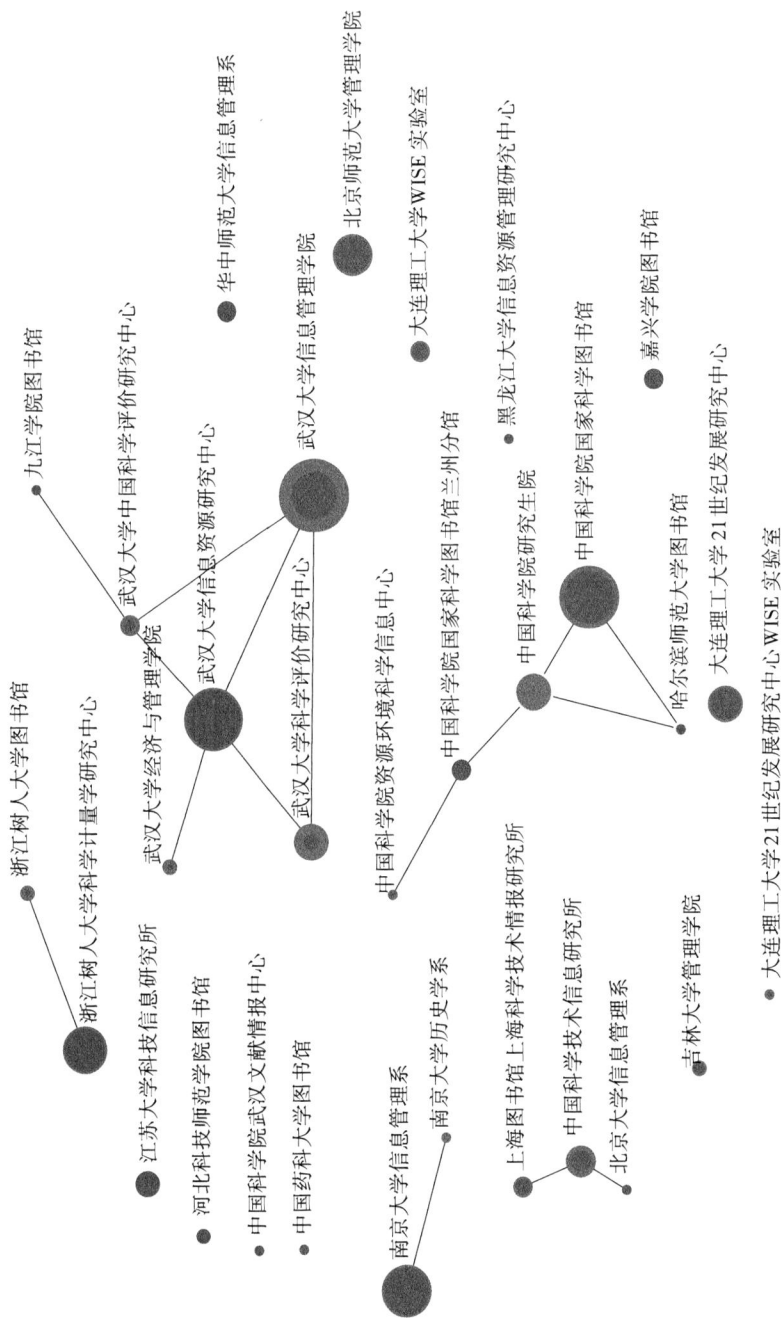

图5-5 知识图谱与知识可视化中文期刊论文机构合作关系可视化

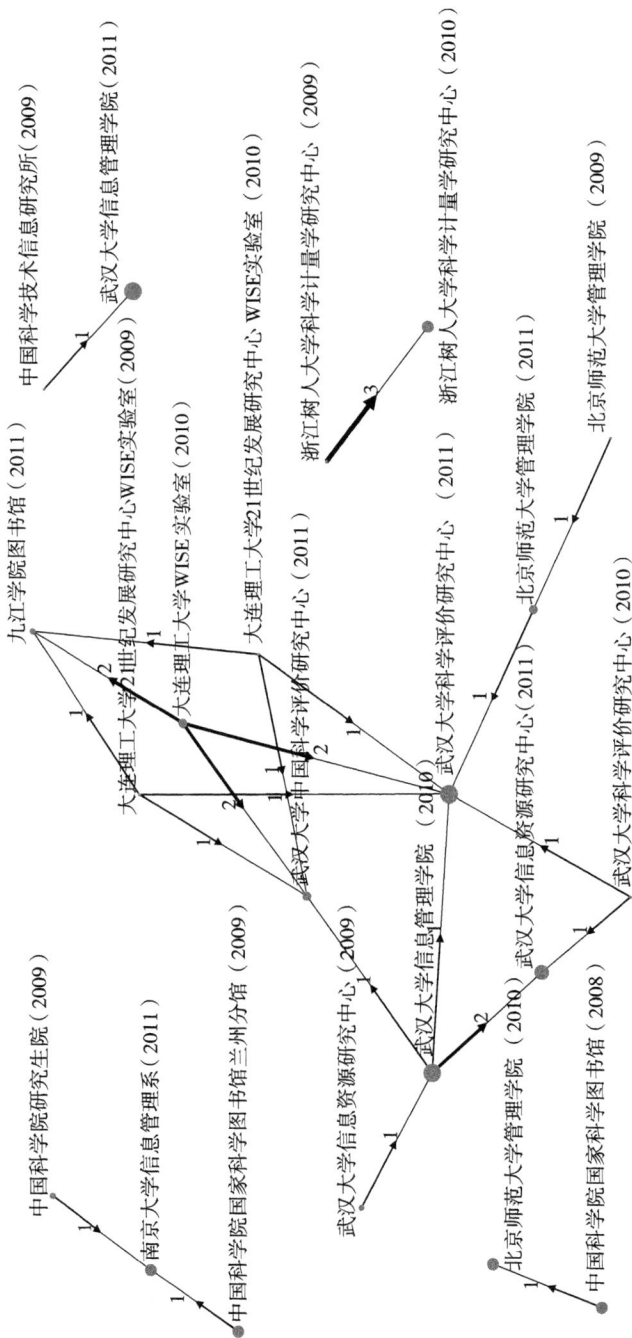

图5-6　知识图谱与知识可视化领域中文期刊论文机构年代引证关系可视化

（3）期刊评价

图5-7所示为知识图谱与知识可视化领域发文数量排名前30位的期刊之间按年代构建的引证关系网络，其中，图书情报工作（2010）的文献数量和对其他期刊的影响力均比较突出，现代图书情报技术（2005），情报杂志（2009），中国图书馆学报（2010）文献虽然较少，但得到后续研究引用的情况明显，同样具有一定的影

❖ 130

响力。

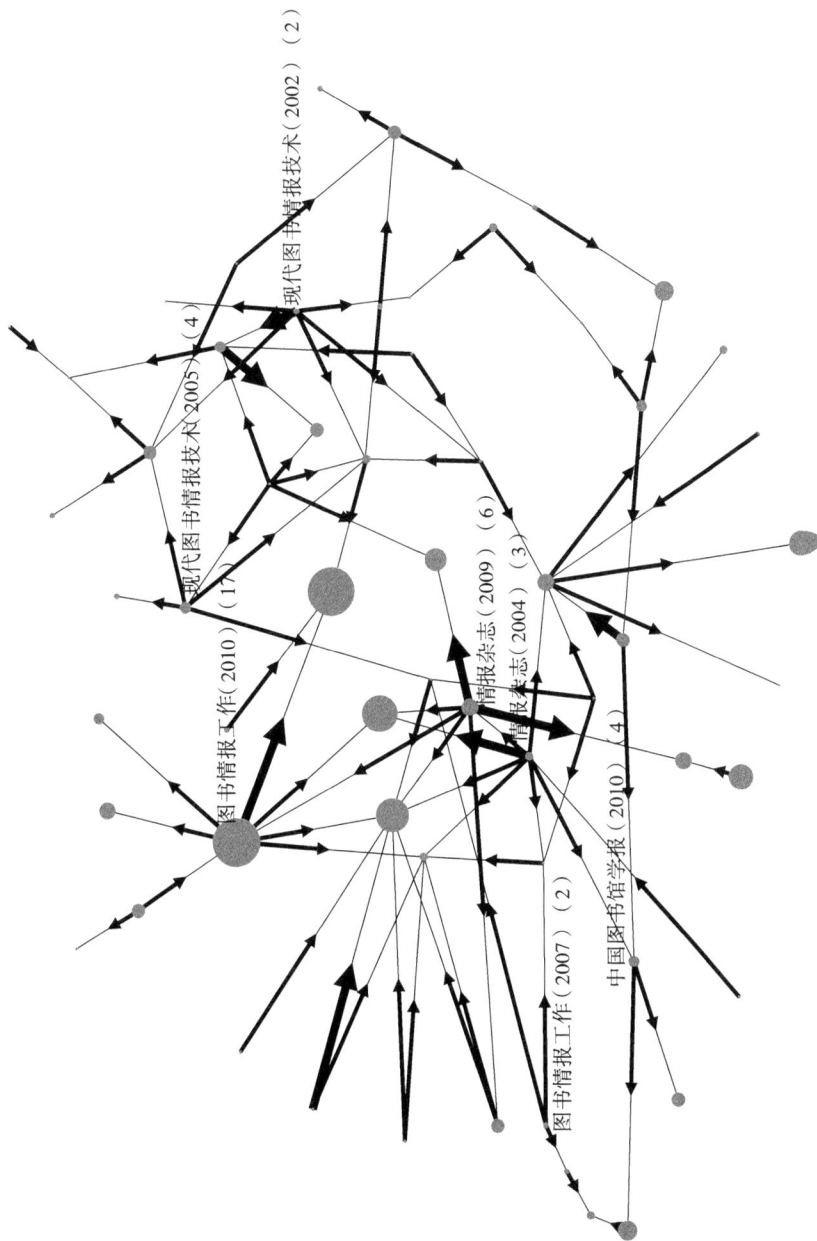

图5-7 知识图谱与知识可视化中文期刊年代引证关系可视化

5.3 基于科研关系网络的高校专利成果分析

高校是高新技术、前沿技术的原始创新知识的主要发源地，肩负着科技前沿成果向社会生产力转化的职责。2016年8月，教育部、科技部印发《关于加强高等学校科技成果转移转化工作的若干意见》，2016年11月教育部印发《促进高等学校科技成果转移转化行动计划》的通知。要求充分发挥高校在科技成果转移转化中的突出作用，推进高校科技成果转化体制机制改革，理顺科技成果转移转化各环节，优化资源配置，充分调动高校科技人员积极性，促进科技成果向现实生产力转化，提升高校科技成果转移转化水平，切实增强高校服务经济社会发展能力。本书研究应用科研关系网络进行高校专利成果分析，符合当下国家科技发展战略，对于提高高校科技成果转化效率，促进高校科技成果产业化落地具有重要的实践应用价值。

专利文献作为技术信息中最重要的信息源，是各国专利局及国际性专利组织在审批专利过程中产生的官方文件及其出版物的总称，是融技术信息、经济信息、法律信息于一体的最重要的情报源之一，对于技术创新管理具有重要意义：专利文献的充分运用可以为技术创新活动进行有效的资源配置，提高发明起点，避免低水平的重复研究提供有力的支持；专利文献的充分运用可以使技术创新活动准确把握市场脉搏，争取市场竞争优势；专利文献的充分运用可以使技术创新活动开阔视野、启迪思路、激发创造思维；专利文献的充分运用可以保护技术创新主体的自身合法权益，避免侵犯他人专利权；专利文献的充分运用可以使创新主体在技术创新中为引进技术的评估与选择提供依据；专利文献的充分运用可以掌握工业发展趋势和国外发展情况，确定工业优先发展项目。

高等院校作为我国技术创新的主体之一，其专利申请呈现逐年增长态势。1985—2016年，我国高等院校累计申请专利1755260件。尽管我国高等院校的专利申请快速增长，但并未带来专利收益的实质增加。相反，由于我国高等院校专利技术转化和市场应用脱离，导致高等院校专利技术转化动力不足，专利质量和专利技术转化率反而呈现下降趋势，不利于我国高等院校的科技成果转化。一方面，高等院校科研人员习惯于追求技术水平的"高、精、尖"，强调技术成果达到"国际国内先进水平"，而忽视了市场导向和科技成果的现实经济价值，专利技术转化意识不强；另一方面，我国高等院校的考评体系较为依赖SCI、Ei等的论文发表数量和专利申请数量，对专利质量、专利技术转化的考核和奖励机制不足，导致大量高等院校教师重基础研究而轻应用研究，重专利申请而轻专利技术转化，存在不同程度的"为申请而申请"的状况。此外，由于在地方政府和高等院校专利资助政策支持下的专利申请经费充足，也导致部分高等院校和教师不重视对专利质量控制，造成大量垃圾专利的存在，不具有产业推广价值，不利于相关专利技术的转化和实施。

为此，开展高校专利成果分析，定量揭示高等院校专利行为特征，建立科学的引导策略辅助高校科研管理，引导教师科学规划专利申请和产业化，对于强化高校产学研结合，提高科技成果转化效率，促进科技成果产业化落地具有重大的现实意义。

5.3.1　基于科研关系网络的高校专利成果分析方法

5.3.2　实证研究

北京理工大学是工业和信息化部直属的一所以理工科为主干，工、理、管、文协调发展的国内知名大学，也是作者攻读博士学位的所在地，本书以该校为例，采用公开数据对其专利成果进行分析，验证本书科研关系网络在高校专利分析方面的有效性。

1) 数据源

国内专利检索数据源：国家知识产权局专利公布公告查询系统。国家知识产权局专利公布公告查询系统是国家知识产权局官方专利公告系统，数据更新及时、全面，具有较高的数据可靠性。国外专利数据检索源：汤森路透集团 Thomson Innovation（TI）数据库。TI是全球领先的专利技术情报信息综合平台，整合了包括全球最为权威的、深加工的、高附加值的 DERWENT WORLD PATENT INDEX（世界专利引文索引）和 WEB OF SCIENCE（科技引文索引）等科技情报必备信息，并配备强大的检索系统和分析功能，帮助情报人员提高检索效率，提供信息资源，以帮助用户在知识产权和业务战略方面做出更快更准确的决策，是最具有权威的专利数据库之一，也是德温特分析家软件数据分析的数据源之一。而且引入了机构代码，避免了由于大公司不同的公司名称带来的漏检，数据库所有记录均经过专业人员高质量的标引，提高了查全率和查准率，从而提高了分析的精度。

2) 检索过程

专利分析是在对专利文献进行筛选、鉴定、整理基础上，利用文献计量学方法，对其所含的各种信息要素进行统计、排序、对比、分析和研究，从而揭示专利文献的深层动态特征，了解技术、经济发展的历史及现状，进行技术评价和技术预测。本书在执行专利分析过程中，主要经过数据检索获取、清洗加工、分析应用三个阶段，整体的专利分析过程如图5-8所示。

数据检索获取是专利分析的基础性工作，从目标技术领域资料分析开始，选择检索平台，制定检索策略，试检索，评估检索结果，调整检索条件，到检索结果下载。清洗加工是为了保证分析结果的准确性而对数据进行的二次加工处理，如申请机构、发明人名称规范，相关专利筛选，技术分类，专利的技术性、创新性、风险性标注。分析应用则是专利数据和专利分析价值的体现，分析的方法与应用的目的紧密相关，从基本的维度统计到文本挖掘、信息可视化技术的应用，以此提供管理决策、技术研发、法律诉讼等多个层次的支撑与服务。

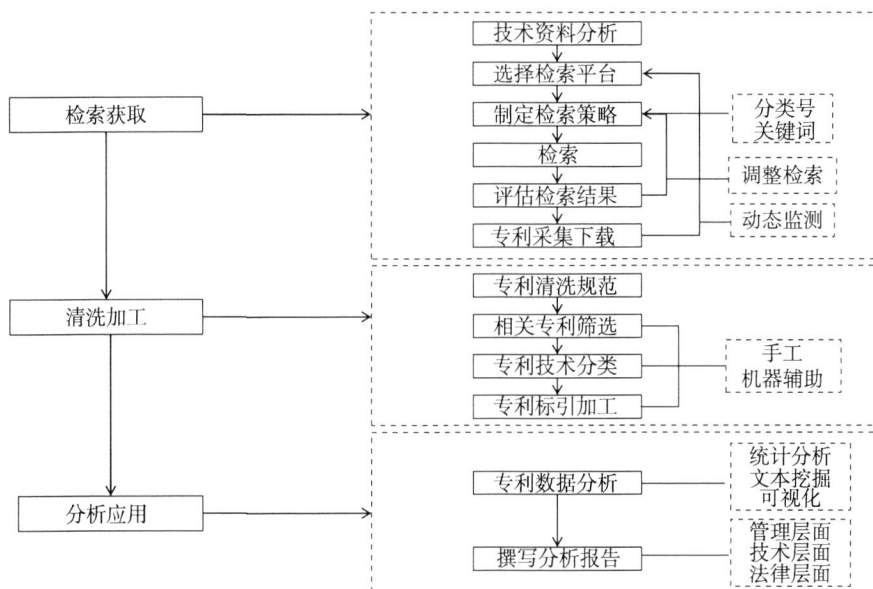

图5-8 专利分析过程

3）分析结论

（1）专利数量与区域分布。

截至2016年11月1日，北京理工大学在国内专利申请总量达到6746件，授权3479件；在美国申请专利29件，授权9件；在欧洲申请专利6件，授权1件；在韩国申请了1件，未授权，以北京工业学院为申请人的申请专利共计71件，授权64件。在美国、欧洲、韩国申请的专利中，有20件是通过世界知识产权组织的PCT途径提交的。PCT途径提交的专利申请共计32件。

（2）失效专利技术领域分析。

通过专利法律状态信息分析北京理工大学失效专利，失效专利主要发明人及其技术领域为陶然的雷达、图像处理技术，曹传宝的纳米材料技术，吴锋的锂离子电池技术，左正兴的电机、活塞技术，安建平的防碰撞雷达技术，孙逢春的电池箱技术，郑宏飞的太阳能电池技术，高学山、黄强的机器人技术，郝群的光学系统、光学测量技术等。

（3）技术研发合作分析。

国内授权专利中，北京理工大学第一申请人的授权专利为3279件，第二申请人的授权专利为102件，第三及以后申请人的授权专利为13件；北京理工大学珠海学院第一申请人授权专利为59，第一申请累积达到96%以上。与北京理工大学合作研发主体类型多为公司，与北京信息科技大学、北京大学、首都师范大学有少量的合作申请。由于美国授权专利较少，从整个美国申请专利情况看，北京理工大学与清华大学和亚利桑那大学分别有1件和3件合作申请。北京理工大学在欧洲的专利申请中仅有1件是与美国亚利桑那大学合作申请的。

（4）基于分类号专利技术布局分析。

国际专利分类号IPC包括了与发明创造有关的全部知识领域，知识产权部门的专利审查员需要对新申请的专利分类，赋予相应的IPC分类号。透过IPC技术分类，可以分析技术领域的现状，识别关键技术。

北京理工大学国内专利技术大体分为如下7个组群：光学系统、卫星定位、通信技术、信号处理、图像处理、雷达系统、光学测量，如表5-4所示。表中技术分类组群一列图中节点和节点文字表示专利所属技术分类，节点大小与专利数量成正比，连线表示专利技术类别同时出现在一件专利中，粗细与同时出现的次数成正比，相同颜色的节点表示技术类别较为接近的。

表5-4　国内专利技术分类组群表

技术类别	技术主题	专利数量
G03F7/20I	曝光设备及技术（摄影术；电影术；电记录术；全息摄影术等）	49
G01M11/02I	光学设备测试	36
G02B27/00I	光学系统	26

续表

技术类别	技术主题	专利数量
G02B17/08I	折反射系统	14
G02B27/01I	加盖显示系统	13
G02B27/28I	用于偏振的光学系统	10
G01S13/90I	卫星无线电信标定位系统；利用这种系统传输的信号确定位置、速度或姿态	41
G01S7/41I		20
G01S7/36I	定位系统零部件	16
G01S7/02I		14
G01S7/40I		9
H04L29/06I	H04L1/00 至 H04L27/00 单个组中不包含的装置、设备、电路和系统	25
H04L1/00I	通信技术中检测或防止收到信息中的差错的装置	21
H04L29/08I	数字通信传输相关技术	19
H04W84/18I	网络拓扑	17
G06F19/00I	点数字信号处理设备和方法	29
G06K9/00I	用于阅读或识别印刷或书写字符或者用于识别图形，如指纹的方法或装置	19
G06K9/62I	应用电子设备进行识别的方法或装置	18
G06K9/66I	应用电子设备进行识别的方法或装置	9
G06T7/00I	图像分析	46
G06F17/30I	特别适用于特定功能的数字计算设备或数据处理设备或数据处理方法	41
G06T5/00I	图像的增强或复原，如从位像到位像地建立一个类似的图形	18
G06T17/00I	用于计算机制图的3D建模	10
G06F17/50I	特别适用于特定功能的数字计算设备或数据处理设备或数据处理方法	54
G01S17/89I	应用除无线电波外的电磁波的反射或再辐射系统，如激光雷达系统	12
G01S7/48I	与G01S13/00，G01S15/00，G01S17/00各组相关的系统的零部件	9
G01B11/24I	用于计量轮廓或曲率	23
G01B11/00I	光学测量，以采用光学方法为特征的计量设备	13

续表

技术类别	技术主题	专利数量
G01B11/06I	以采用光学方法为特征的计量设备	11
G01C25/00I		14
G01C21/20I	距离测量	12
G01C21/16I		10

北京理工大学在美国和欧洲申请、授权的专利数量都较少，透过表5-5技术分类组群可以发现，北京理工大学在国外申请的专利主要侧重光学系统、光学测量、超声测量三方面。

表5-5 美国专利技术分类组群表

技术类别	技术主题	专利数量
G02B002701	光学系统	8
G02B000504	光学器件	4
G02B002722	光学系统，用于产生立体或其他三维效果	3
H04N001304	图像重现装置	3
G02B002714	光学系统	2
H04N001300	立体电视系统	2
G02B000900	光学系统	1
G02F000100	用于控制光的强度、颜色、相位、偏振或方向的器件或装置	1
G01B001106	以采用光学方法为特征的计量设备	2
G01B0011255		2
G01B001124	光学测量装置	1
G01B001102		1
G01N002141	光学测量，利用光学手段，即利用红外光、可见光或紫外光来测试或分析材料	1
G02B001708	光学系统	4
G02B000302		2

续表

技术类别	技术主题	专利数量
G02B002712		2
G03B002100		2
G01N002904	利用超声波、声波或次声波来测试或分析材料；靠发射超声波或声波通过物体得到物体内部的显像	6
G01L000125	力或应力的一般计量，利用波或粒子辐射，如X射线、中子	3
G01N002944	利用超声波、声波或次声波来测试或分析材料；靠发射超声波或声波通过物体得到物体内部的显像	1
G01N002165		5
G01N002147	利用光学手段，即利用红外光、可见光或紫外光来测试或分析材料	3
G01N002100		1

（5）基于主题词的国内专利技术布局分析。

应用文本挖掘技术，从专利中抽取出技术热点主题词，并对热点词的词频进行总量排序（见表5-6）。该表全面展示了北京理工大学专利应用最为广泛的技术主题词。如测量、电池、材料、机器人、激光、汽车、图像、测试、车辆、电机、雷达、信号、控制方法、光学、网络等。

表5-6 国内专利技术主题词统计表

序号	主题词	数量	序号	主题词	数量	序号	主题词	数量
1	测量	170	6	汽车	97	11	雷达	76
2	电池	122	7	图像	88	12	信号	73
3	材料	127	8	测试	74	13	控制方法	73
4	机器人	112	9	车辆	79	14	光学	71
5	激光	109	10	电机	76	15	网络	70

序号	主题词	数量	序号	主题词	数量	序号	主题词	数量
16	传感器	70	40	陀螺	26	64	激光雷达	11
17	动力	58	41	炸药	26	65	光电	11
18	纳米	62	42	存储	24	66	自由度	11
19	液压	43	43	光学系统	24	67	控制器	10
20	智能	47	44	纤维素	24	68	涡轮增压器	10
21	活塞	42	45	履带	21	69	离合器	10
22	纤维	39	46	高温	23	70	凝胶	10
23	光刻	42	47	行星	23	71	等离子体	10
24	发动机	41	48	矢量	21	72	树脂	10
25	光谱	40	49	锂离子电池	21	73	无人机	10
26	机械	36	50	算法	20	74	二次电池	10
27	光纤	36	51	电磁	13	75	粒子	10
28	控制系统	34	52	相位	13	76	探测器	13
29	电子	32	53	石墨	12	77	传感器网络	13
30	视觉	33	54	催化剂	13	78	镍	12
31	飞行器	32	55	毫米波	12	79	颗粒	13
32	性能	32	56	衍生物	12	80	紫外光刻	12
33	脉冲	30	57	电路	12	81	紫外光	12
34	电池箱	27	58	柴油机	12	82	履带车辆	12
35	自由活塞	28	59	偏振	12	83	正极材料	12
36	太阳能	28	60	炸药模拟物	12	84	无卤	12
37	复合材料	28	61	分辨率	12	85	光刻机	12
38	芯片	27	62	合成孔径雷达	11	86	动力车辆	12
39	分布式	28	63	聚合物	11	87	矢量成像模型	11

序号	主题词	数量	序号	主题词	数量	序号	主题词	数量
88	矢量成像	11	109	地球	8	130	多普勒	7
89	内燃发电机	11	110	速率陀螺	8	131	宽带	7
90	螺旋	11	111	辐射源雷达	8	132	无人驾驶车辆	7
91	燃料电池	11	112	聚乙烯	8	133	纳米材料	7
92	高分辨率	10	113	宽频	8	134	液压泵	6
93	照明系统	10	114	投影机	8	135	聚碳酸酯	6
94	防碰撞雷达	10	115	无人驾驶	8	136	手术	7
95	防碰撞	10	116	动力系统	8	137	防撞雷达	6
96	摄像机	10	117	大气	8	138	压电陶瓷	6
97	光谱仪	10	118	推力器	8	139	通信协议	6
98	惯性导航	10	119	血管	8	140	地球同步轨道合成孔径雷达	6
99	电池组	10	120	卫星导航	8	141	同步轨道合成孔径雷达	6
100	内燃机	10	121	波纹	8	142	气溶胶	5
101	碳燃料电池	10	122	航天器	8	143	驾驶员	5
102	量计	9	123	动力电池	8	144	糊精衍生物	5
103	二氧化碳	9	124	机器人关节	8	145	环氧树脂	5
104	数控	9	125	光刻物镜	7	146	变速箱	5
105	惯性导航系统	9	126	傅里叶变换	7	147	模衍射场	5
106	锂二次电池	9	127	伺服系统	7	148	光谱测量方法	5
107	无卤阻燃	8	128	纳米管	7	149	乒乓球	3
108	同步轨道	8	129	导弹	7	150	静电探测	4

表5-7、表5-8所示分别为北京理工大学美国、欧洲申请专利技术主题词统计,多与光学系统、光学测量、超声测量三方面相关。

表5-7　美国专利技术主题词统计

序号	主题词	数量	序号	主题词	数量
1	micro display	4	25	internet service provider	1
2	optical surface prism	2	26	domain mapping process	1
3	free form surface	2	27	optimal mapping scheme	1
4	helmet display device	2	28	failure information	1
5	parameter value	2	29	mapping result	1
6	optical surface space	2	30	content area	1
7	effective manner	2	31	flow chart	1
8	image amplifying	2	32	isp secret	1
9	resin material	2	33	spectrum detection sensitivity	1
10	visual fatigue	2	34	system 34 data processing module	1
11	optical glass	2	35	nondestructive separation	1
12	display part	2	36	rayleigh scattering light	1
13	focal image	2	37	reyleigh scattering light	1
14	prism len	1	38	accurate location	1
15	display channel	1	39	micro zone	1
16	negative ion	1	40	negative ionddmass spectrogram	1
17	spectrum detecting system	1	41	radio frequency voltage	1
18	z axis	1	42	negative ion detector	1
19	raman scattering light	1	43	quantitative analysis	1
20	bias electric field	1	44	negative ion mode	1
21	overall field	1	45	positive ion mode	1
22	tiled device	1	46	resolution loss	1
23	y axis	1	47	horizontal conveying line	1
24	received light	1	48	book returning mechanism	1

序号	主题词	数量	序号	主题词	数量
49	prolonged service life	1	71	flight simulation	1
50	inclined slide plate	1	72	industry training	1
51	frame mechanism	1	73	optical component	1
52	clamp lifting	1	74	exit pupil plane	1
53	side frame	1	75	individual field	1
54	corresponding micro display	1	76	pupil aberration	1
55	global coordinate origin	1	77	high resolution	1
56	larger optical surface	1	78	larger surface	1
57	wedge prism comprising	1	79	optical tiling	1
58	additional distortion	1	80	pupil diameter	1
59	additional processing	1	81	tiling process	1
60	augmented environment	1	82	tiling surface	1
61	cartesian coordinate	1	83	eye clearance	1
62	consumer application	1	84	viewing axis	1
63	high end application	1	85	video game	1
64	resolution variance	1	86	wide angle	1
65	scientific research	1	87	x axis	1
66	virtual environment	1	88	nonintrusive form factor	1
67	augmented reality	1	89	compact structure	1
68	coordinate system	1	90	former surface	1
69	display component	1	91	flow number	1
70	exit pupil center	1	92	wide field	1

表5-8　欧洲专利技术主题词统计

序号	主题词	数量	序号	主题词	数量
1	optical surface	2	28	flight simulation	2
2	prism	2	29	industry training	2
3	display channel	2	30	optical component	2
4	display device	2	31	exit pupil plane	2
5	free form surface	2	32	individual field	2
6	micro display	2	33	pupil aberration	2
7	z axis	2	34	high resolution	2
8	overall field	2	35	larger surface	2
9	tiled device	2	36	optical tiling	2
10	y axis	2	37	pupil diameter	2
11	corresponding micro display	2	38	tiling process	2
12	global coordinate origin	2	39	tiling surface	2
13	larger optical surface	2	40	eye clearance	2
14	wedge prism comprising	2	41	viewing axis	2
15	additional distortion	2	42	video game	2
16	additional processing	2	43	wide angle	2
17	augmented environment	2	44	x axis	2
18	cartesian coordinate	2	45	sport	2
19	consumer application	2	46	residual stress	1
20	high end application	2	47	spectrum detecting system	1
21	resolution variance	2	48	measured element	1
22	scientific research	2	49	multi parameter	1
23	virtual environment	2	50	raman scattering light	1
24	augmented reality	2	51	interference pattern	1
25	coordinate system	2	52	formulating optimum condition	1
26	display component	2	53	environment friendly method	1
27	exit pupil center	2	54	stress corrosion cracking	1

序号	主题词	数量	序号	主题词	数量
55	spectrum detection sensitivity	1	59	electronic control unit	1
56	system 34 data processing module	1	60	schematic block diagram	1
57	rayleigh scattering light	1	61	high pressure fuel	1
58	reyleigh scattering light	1	62	lens vertex focus	1

（6）基于专利分类号专利技术演化分析。

由于北京理工大学专利授权多在2009年以后，专利分类号变化趋势并不显著，G06F19/00I点数字信号处理设备和方法与G06F17/30数据处理近两年略微增加，G06F17/50I特别适用于特定功能的数字计算设备或数据处理设备或数据处理方法，G01S13/90I卫星无线电信标定位系统；利用这种系统传输的信号确定位置、速度或姿态，G01M11/02I光学设备测试有所减少。与专利分类号变化趋势相同，技术主题词近几年的变化趋势不大。主要围绕测量、电池、材料、机器人、激光、汽车、图像、测试、车辆、电机、雷达、信号、控制方法、光学、网络等。

（7）主要发明人分析。

根据专利文献的发明人信息，统计北京理工大学专利发明人的授权专利数量及其占比，如表5-9所示。其中超过50件专利的发明人达到15个，最多的李艳秋更是多达93件，孙逢春82件，位列第二位。

表5-9　主要发明人授权专利数量及比重

序号	作者	授权数量	比重/%	序号	作者	授权数量	比重/%
1	李艳秋	93	2.67	5	龙腾	70	2.01
2	孙逢春	82	2.36	6	王震坡	69	1.98
3	黄强	72	2.07	7	安建平	66	1.90
4	王涌天	71	2.04	8	赵维谦	60	1.72

序号	作者	授权数量	比重/%	序号	作者	授权数量	比重/%
9	曾涛	58	1.67	19	左正兴	43	1.24
10	卜祥元	56	1.61	20	陈慧岩	43	1.24
11	吴锋	55	1.58	21	胡纪滨	42	1.21
12	邱丽荣	54	1.55	22	杨荣杰	41	1.18
13	刘越	53	1.52	23	张之敬	41	1.18
14	刘吉平	51	1.47	24	苑士华	40	1.15
15	陶然	50	1.44	25	金鑫	39	1.12
16	付梦印	48	1.38	26	郑宏飞	38	1.09
15	陶然	50	1.44	27	张永发	38	1.09
16	付梦印	48	1.38	28	匡镜明	37	1.06
17	陈实	46	1.32	29	沙定国	37	1.06
18	林程	46	1.32	30	陈杰	37	1.06

　　进一步，从发明人团队的角度去考察北京理工大学的研发合作，提取主要发明人团队以及每个团队的核心成员，结合文本挖掘技术，识别各团队专利应用的主要技术主题词，形成表5-10北京理工大学主要发明人团队及其技术主题词侧重。北京理工大学主要发明人团队李艳秋技术团队，技术侧重光电应用；黄强团队，技术侧重机器人控制；王震坡、孙逢春团队，技术侧重电动汽车；付梦印团队，技术侧重导航、制导控制；赵维谦团队，侧重光电测量、测试；王涌天团队，侧重光学系统、光学设备；徐春广，侧重测量技术；崔平远团队，侧重空间探测；吴锋团队，侧重锂电池；胡纪滨团队，侧重车辆工程；张帆、张永发团队，侧重图书馆设备；刘吉平团队，侧重炸药、材料；左正兴团队，侧重发电机、发动机；曹传宝团队，侧重纳米、电池；金伟其团队，侧重光学系统、光学设备；费泽松团队，侧重信息处理；张之敬团队，侧重车辆控制；邵自强团队，侧重新材料；陈禾团队，侧重导航；刘福水团队，侧重内燃机、柴油机；安建平团队，侧重雷达技术；陈杰

团队，侧重智能控制；陶然团队，侧重雷达；郑宏飞团队，侧重太阳能；杨荣杰团队，侧重纳米、新材料。

表5-10　主要发明人团队及其技术主题词侧重

核心成员	技术主题词侧重
李艳秋	矢量成像模型（11） 光刻机（10） 照明系统（10） 光刻（9） 光刻物镜（6）
黄强	机器人（38） 机器人关节（8） 控制方法（5） 机械（3） 激光（3）
王震坡 孙逢春	电池箱（22） 电池（12） 动力电池（6） 汽车（6） 车辆（4）
付梦印	速率陀螺（8） 惯性导航系统（6） 机器人（4） 激光雷达（3） 智能（3）
赵维谦	测量（36） 光谱测量方法（5） 测试（4） 光谱（4） 激光（4）
王涌天	图像（8） 光学（7） 投影机（5） 分布式（4） 光学系统（4）

核心成员	技术主题词侧重
徐春广	测量（10） 传感器（3） 光学（3） 机械（2） 测试（1）
崔平远	行星（11） 控制方法（4） 探测器（4） 大气（3） 动力（2）
吴锋	锂离子电池（13） 材料（9） 锂二次电池（9） 电池（8） 二次电池（5）
胡纪滨	液压（10） 车辆（6） 履带车辆（4） 动力（3） 机械（3）
张帆	存储（7） 智能（4） 机械（2）
刘吉平	炸药模拟物（18） 高温（4） 材料（3） 炸药（3） 催化剂（1）
左正兴	自由活塞（13） 内燃发电机（9） 发动机（6） 活塞（6） 电机（3）

续表

核心成员	技术主题词侧重
曹传宝	材料（6） 纳米（5） 电池（4） 纳米材料（3） 锂离子电池（2）
金伟其	图像（6） 光学（3） 偏振（3） 摄像机（3） 探测器（3）
费泽松	网络（6） 算法（2） 车辆（1） 分布式（1）
张之敬	测量（5） 控制系统（3） 变速箱（2） 传感器（2） 机械（2）
邵自强	纤维素（21） 材料（2） 纳米材料（2） 树脂（2） 复合材料（1）
陈禾	图像（4） 多普勒（2） 卫星导航（2） 信号（2） 视觉（1）
刘福水	发动机（5） 控制方法（4） 柴油机（3） 内燃机（3） 测试（2）
安建平	防碰撞雷达（10） 防撞雷达（6） 信号（6） 雷达（5） 网络（4）

核心成员	技术主题词侧重
陈杰	传感器（6） 控制方法（4） 光电（3） 智能（3） 电池（2）
陶然	辐射源雷达（8） 信号（5） 傅里叶变换（4） 图像（4） 宽带（3）
郑宏飞	太阳能（22） 发动机（3） 高温（1） 螺旋（1）
杨荣杰	聚碳酸酯（6） 纳米（4） 气溶胶（3） 无卤阻燃（3） 高温（2）

（8）专利权转让分析。

专利成果转化是科学技术向生产力转化的主要途径之一。专利成果转化方式有两种：一是通过专利转让的方式，二是通过专利许可实施的方式。专利转让又分为授权前的申请权转让和授权后的专利权转让。专利许可分为独占许可和普通许可。我国专利法中规定转让专利申请权或者专利权的，当事人应当订立书面合同，并向国务院专利行政部门登记，由国务院专利行政部门予以公告。专利申请权或者专利权的转让自登记之日起生效。我国《专利实施许可合同备案办法》规定，国家知识产权局负责收录国内专利实施许可合同备案登记信息，要求专利实施许可当事人自合同生效之日起三个月内办理备案手续。我国国家知识产权局的专利公布公告数据库记载了专利转让和专利许可信息。为了真实地反映北京理工大学的专利成果转化状况，本书分别对授权后的专利权转让和许可实施数据进行统计分析，不包括未授权的申请权的转移。

截止到2016年11月1日，北京理工大学通过转让专利权的方式进行成果转化的专利共计39件，占授权总量的1.04%（39/3749）。其中，发明专利转让36件，实用新型转让3件。图5-9所示是北京理工大学转让专利年代分布。专利转让从2009年1件开始，逐渐增加到2013年的10件，2014、2015年开始回落，2016年再次达到10件。

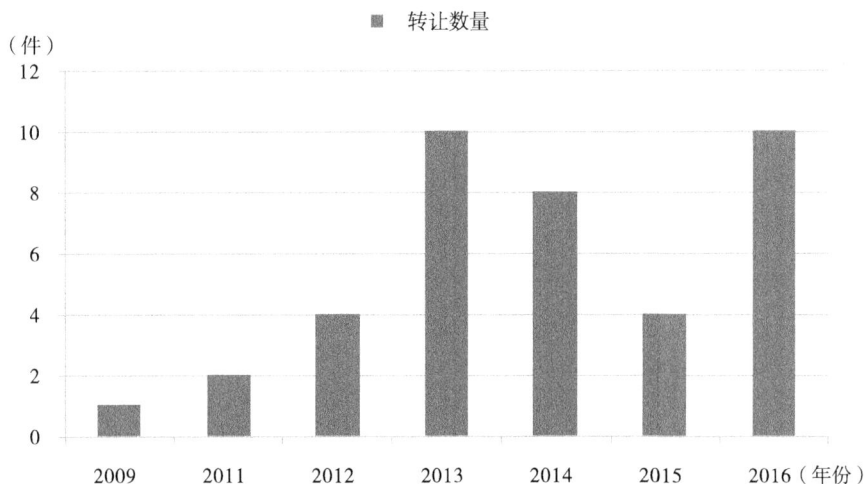

图5-9 转让专利年代分布

表5-11所示是北京理工大学转让专利所属的主要发明人信息，表5-12所示是转让专利主要发明人及专利主题词列表。单从发明人角度看，孙逢春、杨荣杰、张学同转让专利位列前三，分别为5件、4件、4件。从团队及其转移技术侧重角度看，孙逢春团队侧重汽车电机、控制相关专利；黄若团队侧重涡轮增压器技术；黄若团队，侧重车辆工程；赵江波团队，侧重车辆

控制；黄风雷团队，侧重金刚石；杨荣杰团队，侧重化工材料；焦清介团队，侧重导爆索；曲良体团队，张学同团队，侧重石墨烯。总体上看，北京理工大学专利权转让以车辆工程、石墨烯、导爆、化工材料为主。

表5-11　转让专利主要发明人列表

序号	转让专利所属发明人	转让数量	序号	转让专利所属发明人	转让数量
1	孙逢春	5	19	胡纪滨	2
2	杨荣杰	4	20	彭增雄	2
3	张学同	4	21	苑士华	2
4	黄若	3	22	李雪原	2
5	曲良体	3	23	荆崇波	2
6	李向梅	3	24	魏超	2
7	黄风雷	3	25	张承宁	2
8	仝毅	3	26	李静	2
9	王军政	3	27	张文超	2
10	赵江波	3	28	胡晓刚	2
11	焦清介	3	29	葛丙恒	2
12	臧充光	2	30	尚文涛	2
13	朱祥东	2	31	赵扬	2
14	谭毓安	2	32	汪首坤	2
15	马立玲	2	33	陈亮	2
16	李金仓	2	34	郭学永	2
17	沈伟	2	35	何洪文	2
18	林程	2			

表5-12 转让专利主要发明人及专利主题词列表

核心发明人	转化专利技术主题
孙逢春	电机（3） 控制器（1） 汽车（1） 网络（1）
黄若	涡轮增压器（2） 控制方法（1） 汽车（1）
赵江波	液压（2） 控制方法（1）
焦清介	高温（1） 导爆索（1）
杨荣杰	聚碳酸酯（2） 无卤阻燃（1）
黄风雷	金刚石（3） 树脂（1） 提纯（1） 制备（1）

（9）专利许可实施分析。

截至2016年11月1日，北京理工大学通过许可实施的方式进行成果转化的专利共计25件，均为发明专利，占授权总量的0.67%（25/3749）。许可实施从2009年5件开始，到2011年的11件，2012、2013、2014、2015年开始回落，2016年再次达到5件。

表5-13所示是北京理工大学许可实施专利所属的主要发明人信息，表5-14所示是许可实施专利主要发明人及专利主题词列表。单从发明人角度看，王江、杨荣杰、邵自强、王飞俊、林德福许可实施专利均为3件。从团队及其许可实施专利技术侧重角度看，林德福、王伟团队，侧重制导系统；杨荣杰团队，侧重纳米材料；王飞俊、邵自强团队，侧重材料生产；陈禾团队，侧重芯片处理器；张承宁侧重车辆控制；邓玉林、戴荣继团队侧重食品生

产。总体上看，北京理工大学许可实施专利以制导技术、新材料、车辆控制、食品生产为主。

表5-13 许可实施专利主要发明人列表

序号	许可实施专利主要发明人	数量	序号	许可实施专利主要发明人	数量
1	王江	3	16	李响	2
2	杨荣杰	3	17	王伟	2
3	邵自强	3	18	王辉	2
4	王飞俊	3	19	张承宁	2
5	林德福	3	20	刘伟	2
6	龙腾	2	21	席军强	1
7	罗艳伟	2	22	王涛	1
8	宋韬	2	23	徐坤	1
9	曾大治	2	24	张旭	1
10	范世鹏	2	25	金鑫	1
11	陈禾	2	26	张军	1
12	禹玉洪	2	27	刘洋	1
13	邓玉林	2	28	韩冰	1
14	戴荣继	2	29	林程	1
15	刘峰	2	30	孙逢春	1

表5-14 许可实施专利主要发明人及专利主题词列表

核心发明人	转化专利技术主题
林德福 王伟	制导系统（1） 弹载计算机（1）
邵自强 王飞俊	纤维素（3） 钻井液（1）
陈禾	芯片（2） 处理（2）

核心发明人	转化专利技术主题
张承宁	测量（2） 车辆（1） 动力（1）
杨荣杰	聚碳酸酯（2） 纳米（1） 无卤（1）
邓玉林 戴荣继	化合物（1） 提取（1） 食品（1） 加工（1）

参考文献

[1] BEAVER D D，ROSEN R.Studies in scientific collaboration part III:professionalization and the natural history of modernscientific co-authorship[J].Scientometrics，1978，1（3）：231-245.

[2] 金炬，武夷山，梁战平.国际科技合作文献计量学研究综述[J].图书情报工作，2003，51（3）：63-67.

[3] GLÄNZEL W.Coauthorship Patterns and trends in the sciences（1980—1998）：a bibliometric study with implications for database indexing and search strategies[J].Library trends，2002，50（3）:461-473.

[4] NEWMAN M.The structure of scientific collaboration networks[J].PNAS，2001，98（2）：404-409.

[5] MIQUEL J F.Structure of international collaboration in science-part II: comparisons of profiles in countries usinga link indicator[J].Scientometrics，1994，29（2）:271-297.

[6] 陈悦，刘则渊.中国管理科学合作现象分析[J].科学学研究，2006，23（6）：758-764.

[7] 姜春林，丁堃.关于我国高水平管理科学研究合作现象的统计分析[J].研究与发展管理，2004，16（1）：72-78.

[8] 李亮，朱庆华.社会网络分析方法在合作分析中的实证研究[J].情报科学，2008，26（4）：549-555.

[9] 刘则渊，尹丽春，徐大伟.试论复杂网络分析方法在合作研究中的应用[J].科技管理研究，2005，（12）：267-273.

[10] 赵焕芳.基于多数据源的科技文献信息可视化技术研究[D].北京：北京理工大学，2006.

[11] 侯海燕.基于知识图谱的科学计量学进展研究[D].辽宁：大连理工大学，2006.

[12] 刘盛博，丁堃，杨莹，等.中国科技管理领域论文合作现象研究[J].图书情报工作网刊，2009，（1）：1-6.

[13] WHITTAKER J.Creativety and conformity in science: titles，keywords and coword analysis [J].Social studies of science，1989，19: 473-496.

[14] 谢彩霞，梁立明，王文辉.我国纳米科技论文关键词共现分析[J].情报杂志，2005 （3）：69-73.

[15] 蒋颖.1995—2004年文献计量学研究的共词分析[J].情报学报，2006，25（4）：504-512.

[16] 崔雷，郑华川.关于从MEDLINE数据库中进行知识抽取和挖掘的研究进展[J].情报学报，2003，22（4）：425-433.

[17] LAW J，BAUIN S.Policy and the mapping of scientific change: aco-word analysis of research into environment acidification[J].Soientometrics，1988，14（3-4）:251-264.

[18] 冯路，冷伏海.共词分析方法理论进展[J].中国图书馆学报，2006，（2）：88-91.

[19] 钟伟金，李佳.共词分析法研究（一）——共词分析的过程与方式[J].情报杂志，2008，（5）：70-72.

[20] 马费成，张勤.国内外知识管理研究热点——基于词频的统计分析[J].情报学报，2006，25（2）：163-171.

[21] 张勤，马费成.国外知识管理研究范式——以共词分析为方法[J].管理科学学报，2007，10（6）：65-75.

[22] 张晗，崔雷.生物信息学的共词分析研究[J].情报学报，2003，22（5）：613-617.

[23] 王建芳，冷伏海.共引分析理论与实践进展[J].中国图书馆学报，2006，32（1）：85-88.

[24] 耿海英，肖仙桃.国外共引分析研究进展及发展趋势[J].情报杂志，2006，25（12）：68-69.

[25] 刘则渊，尹丽春.国际科学学主题共词网络的可视化研究[J].情报学报，2006，25

（5）：634-640.

[26] 华川，崔雷.胃癌前病变低频被引论文的共词和共篇聚类分析[J].中华医学图书情报杂志[J].2002，11（3）：1-3.

[27] 苑彬成，方曙，刘清，等.国内外引文分析研究进展综述[J].情报科学，2010，28（1）：147-153.

[28] BLAISE C AND HELEN B A. The web of knowledge[M].Metford: LearnedInformation Inc，2000：517-534.

[29] FANG Y，ROUSSEAU R.Lattices in citation networks-an investigation into the structure of citation graph[J].Scientometrics，2001，50（2）:273-28.

[30] MEISTER C，MEISTER M.Trends and trajectories in MEMS-related technologies: an analysis on the basis of patent application data[EB/OL].（2005-10-03）[2012-12-30].https://ieeexplore.ieee.org/document/1558743/.

[31] CHEN CM，HICKS D.Tracing knowledge diffusion[J].Scientometrics，2004，59（2）：199-211.

[32] BRANTLE TF，FALLAH MH.Complex innovation networks，patent citations and power laws[EB/OL].（2007-08-05）[2012-12-30].https://ieeexplore.ieee.org/document/4349367/.

[33] NERUR S，SIKORA R，MANGALARAJ G，et al.Assessing the relativeinfluence of journals in acitation network[J].Communications of the ACM，2005，48（11）:71-74.

[34] LEYDESDORFF L.Visualization of the citation impact environments of scientific jjournals: an online mapping exercise[J].Journal of the American society for information science and technology，2007，58（1）:25-38.

[35] 柳泉波，许骏.基于链接分析的科学文献个性化排序算法[J].中山大学学报（自然科学版），2008，47（6）：87-92.

[36] 熊春茹.关于科技论文参考文献自引问题的商榷[J].编辑学报，2002.14（6）：456-456.

[37] 潘云涛，武夷山.自引、他引：说不尽的故事[J].科技导报，2007，25（24）：85.

[38] 催雷.专题文献高频主题词的共词聚类分析[J].情报理论与实践，1996，19（4）：49-51.

[39] 王红.近十年我国图书情报学科研究热点的共词分析[J].情报学报，30（7）：765-775.

[40] DONGHUA Z，PORTER A L.Automated extraction and visualization of information for technological intelligence and forecasting[J].Technological forecasting and social change，2002，69（5）:495-506.

[41] VantagePoint[EB/OL].（2011-11-18）[2012-12-12].http://thevantagepoint.com/.

[42] Thomson Data Analyzer[EB/OL].（2010-10-18）[2012-12-12].http://www.thomsonscientific.com.cn/media/tda.Pdf.

[43] DORE J C，OJASOO T，OKUBO Y.Correspondence factor analysis of the publication patterns of 48 nations over the period 1981—1992[J].Journal of the american society for the information of science，1996，47（08）:588-602.

[44] BHATTACHARYA S，CHANDRA P，JAGDISH A.Inside the frontier areas of research in physics: a micro level analysis[J].Scientometrics，2000，47（01）:131-142.

[45] DORE J C，DUTHEUIL C，MIQUEL J F.Multidimensional analysis of trends in patent activity[J].Scientometrics，2000，47（03）:475-492.

[46] NEWMAN M.Coauthorship networks and patterns of scientific collaboration[J].Proceedings of the national academy of the United States of America，2004，（101）:5200-5205.

[47] NEWMAN M.Who is the best connected scientist ?7 a study of scientific coauthorship networks[J].Lecture notes in physics，2004，650（1）:337-370.

[48] LOGAN E，PAO M L.Analytic and empirical measures of key authorsin schistosomiasis[C].Proceedings of the American society for information science 27（1990）.

[49] LOGAN E，PAO M L.Identification of key authors in a collaborative network[C].Proceedings of the American society for information science 28（1991）.

[50] EVELIEN O，RONALD R.Social network analysis:apowerfulstrategy，also for the information sciences[J].Journal of information science，2002，28（6）:441-453.

[51] 付允，牛文元，汪云林.科学学领域作者合作网络分析——以《科研管理》（2004—2008）为例[J].科研管理，2009，30（3）：41-46.

[52] 邱均平，李佳靓.基于社会网络分析的作者合作网络对比研究水——以《情报学报》、《JASIST》和《光子学报》为例[J].情报杂志，20010，29（11）：1-5.

[53] 魏瑞斌.社会网络分析在关键词网络分析中的实证研究[J].情报杂志，2009，28（9）：46-49.

[54] 朱庆华，李亮.社会网络分析法及其在情报学中的应用[J].情报理论与实际，2008，31（2）：179-183.

[55] 裴雷，马费成.社会网络分析在情报学中的应用和发展[J].图书馆论坛，2006，26（6）：40-45.

[56] 吴晓伟，刘仲英，李丹.竞争情报研究的创新途径——基于社会网络分析的观点[J].情报学报，2008，27（2）：285-301.

[57] WISEJ A，THOMAS J J，PENNOCK K，et al.Visualizing the non-visual: spatial analysis and interaction with information from text documents[EB/OL]. （1995-10-30）[2012-12-12].http://innovis.cpsc.ucalgary.ca/innovis/uploads/Courses/InformationVisualizationDetails.

[58] CHALMERS M.BEAD: explorations in information visualisation[C].Paper presented at the si-gir'92，copenhagen，denmark: ACM Press，1992:330-337.

[59] DODGE M，KITCHIN R.Mapping cyberspace routledge[EB/OL]. （2011-11-30）[2012-12-30]. https://www. routledge. com / Mapping-Cyberspace / Dodge-Kitchin / p / book / 9780415198844.

[60] DAVIDSON G S，HENDRICKSON B，JOHNSON，etal.Knowledge mining with vxinsight: discovery throughinteraction[J].Journal of intelligent information systems，1998，11，259-285.

[61] BeckD F，Boyack K W，Bray O H，etal.Landscapes，games，and maps for technology planning[J].Chemtech，1999，29（6）:，8-16.

[62] KEVIN W B，BRIAN N W，GEORGE S D.Domain visualization using vxinsight for science and technology management[J].Journal of the American society for information science and technology，2002，53（9）:764-774.

[63] Aureka[EB/OL]. （2011-01-15）[2012-12-12].http://aureka.micropat.com/7w/html/7w_de-fault.asp.

[64] Thomson Innovation[EB/ OL]. [2012-12-12]. http://www. thomsonscientific. com. cn / prod-uctsservices/thomsoninnovation/.

[65] 吴新银，刘平，戚昌文.专利地图制作及解析研究[J].电子知识产权，2003，（11）：
20-24.

[66] 王兴旺，孙济庆.国内外专利地图技术应用比较研究[J].情报杂志，2007，（08）：
113-116.

[67] 张娴，高利丹，唐川，等.专利地图分析方法及应用研究[J].情报杂志，2007，（11）：
22-25.

[68] 张帆，肖国华，张娴.专利地图典型应用研究[J].科技管理研究，2008，（02）：190-
193.

[69] 吴正.可视化工具在专利分析中的应用[J].数字图书馆论坛，2009，2（10）：60-67.

[70] MIYAKE M，YUJI M，KEIICHI H.Strategicintellectualproperty portfolio management:
technology appraisal by using the technology heat map[J/OL].NRI papers，2004，83（1）.
http://www.nri.co.jp/english/opinion/papers/2004/pdf/Np200483.pdf.

[71] True-Teller[EB/OL].（2010-05-06）[2012-01-01].http://www.trueteller.net/textmining/
patent/.

[72] CHEN C.Cite space Ⅱ：detecting and visualizing emerging trends and transient patterns in
scientific literature[J].Journal of the American society for information science and technolo-
gy，2006，57（3）:359-377.

[73] Thomson data analyzer.[EB/OL].（2010-06-16）[2012-12-12].http://www.thomsonscientif-
ic.com.cn/media/tda.Pdf.

[74] Vantage point[EB/OL].（2011-03-18）[2012-12-12].http://thevantagepoint.com/.

[75] True-teller[EB/OL].（2011-05-19）[2012-01-01].http://www.trueteller.net/textmining/
patent/.

[76] 汤姆森.开发新的知识产权分析工具[J].现代图书情报技术，2008，（05）：101.

[77] QuestelOrbit[EB/OL].[2012-01-01].http://www.questel.com/.

[78] 韩秀兰.中国自然科学期刊论文合著现象进展研究[J].情报科学，1998，16（6）：
555-570.

[79] 朱大明.科技期刊论文如何减少"伪合著"[EB/OL].（2007-06-01）[2012-12-12].
http://www.cas.cn/jzd/jlt/jrdhp/200706/t20070629_1688159.shtml.

[80] GUO Y, XU C, HUANG L, etal. Empirically Informing a Technology Delivery System Model for an Emerging Technology: Illustrated for Dye-sensitized Solar Cells[J]. R&D Management, 2012, 42（2）:133-149.

[81] DONGHUA Z, PORTER A L. Automated Extraction and Visualization of Information for Technological Intelligence and Forecasting[J]. Technological forecasting and social change, 2002, 69（5）:495-506.

[82] 刘源. 信息处理用现代汉语分词规范及自动分词方法[M]. 北京：清华大学出版社, 1994：36-37.

[83] 严威, 赵政. 开发中文搜索引擎汉语处理的关键技术[J]. 计算机工程, 1999, 25（6）: 5-7.

[84] 吴立德. 大规模中文文本处理[M]. 上海：复旦大学出版社, 1997.

[85] LEYDESDORFFL, ZAAL R. Co-words and citations relations between document sets and environments[EB/OL].（2005-06-01）[2012-12-30]. https://www.researchgate.net/publication/245678626_Co-words_and_citations_Relations_between_document_sets_and_environments.

[86] AHLGREN P, COLLIANDER C. Document-document similarity approaches and science mapping: experimental comparison of five approaches[EB/OL].（2009-01-01）[2012-12-30]. https://www.sciencedirect.com/science/article/pii/S1751157708000680.

[87] 曾建勋. 知识链接及其服务研究[M]. 北京：科学技术文献出版社, 2012：149-150.

[88] Guo Y, Xu C, Huang L, etal. Empirically informing a technology delivery system model for an emerging technology: illustrated for dye-sensitized solar cells[J]. R&D Management, 2012, 42（2）:133-149.

[89] DORE J C, OJASOO T, OKUBO Y. Correspondence factor analysis of the publication patterns of 48 nations over the period 1981—1992[J]. Journal of the American society for the information of science, 1996, 47（08）:588-602.

[90] DORE J C, DUTHEUIL C, MIQUEL J F. Multidimensional analysis of trends in patent activity[J]. Scientometrics, 2000, 47（03）:475-492.

[91] BHATTACHARYA S, PAL C, ARORA J. Inside the frontier areas of research in physics: a

micro level analysis[J].Scientometrics，2000，47（01）:131-142.

[92] ANURADHA K T，SHALINI R U.Bibliometric indicators of indian research collaboration patterns: a correspondence analysis[J].Scientometrics，2007，71（2）:179-189.

[93] ANURADHA K T，GOPALAN T K.Trend and patterns in explicit organizational knowledge: a correspondence analysis and cluster analysis[J].The international information & library review，2007，39（3-4）:247-259.

[94] IRIBARREN MAESTRO I，LASCURAIN SANCHEZ M，SANZ CASADO E.Are multi-authorship and visibility related? study of ten research areas at carlos III university of madrid [J].Scientometrics，2009，79（1）:191-200.

[95] 刘玉琴.基于专利检索与专利分析的技术创新管理方法研究[D].北京:北京理工大学，2008.

[96] 于秀林，任雪松.多元统计分析[M].北京：中国统计出版社，1999：199-201.

[97] 张兆锋，桂婕，乔晓东，等.专利引证分析工具的设计与实现[J].数字图书馆论坛，2010，（9）：20-25.

[98] VantagePoint[EB/OL].（2010-12-15）[2012-12-12].http://thevantagepoint.com/.

[99] Thomson data analyzer[EB/OL].[2012-12-12].http://www.thomsonscientific.com.cn/media/tda.Pdf.

[100] EADES P.A heuristic for graph drawing[J].Congressusnutnerantiunt，1984，42:149-160.

[101] KAMADA T，KAWAI S.Analgorithm for drawing general undirected graphs[J].Information processing letters，1989，31:7-15.

[102] FRUCHTERMAN T M J，REINGOLD E M.Graph drawing by forcedirected placement[J]. Software practice and experience，1991，21（11）:1129-1164.

[103] History of MDS[EB/OL].（2011-11-23）[2012-08-15].http://forrest.psych.unc.edu/teaching/p230/history.html.

[104] VOSviewer[EB/OL].（2012-12-25）[2012-08-15].http://www.vosviewer.com/l.

[105] SCHVANEVELDT R W，DEARHOLT D W，DURSO FT.Graph theoretic foundations of pathfinder networks[J].Computers and mathematics with applications，1998，15（4）：337-345.

[106] CHEN C.Generalised similarity analysis and pathfinder network scaling[J].Interacting with computers, 1998, 10（02）:107-128.

[107] Creating heat maps with .NET 2. 0[EB/OL].（2011-09-30）[2012-08-15].http://dylan-vester.com/post/Creating-Heat-Maps-with-NET-20-（C-Sharp）.aspx.

[108] VOS Viewer[EB/OL].（2011-04-05）[2012-12-15].http://www.vosviewer.com/publica-tions/.

[109] Web of knowledge[EB/OL].[2012-08-15].http://apps.webofknowledge.com/.

[110] CNKI中国知网[EB/OL].（2011-19-18）[2012-08-15].http://acad.cnki.net/Kns55/brief/result.aspx?dbPrefix=CJFQ.

[111] 万方数据知识服务平台[EB/OL].（2010-08-29）[2012-08-15].http://www.wanfangdata.com.cn/.

[112] 维普期刊资源整合服务平台[EB/OL].（2009-11-18）[2012-08-15].http://ccd1.cqvip.com/BasicSearch/DetailPage.aspx?bid=6982582.

[113] Citation indexes[EB/OL].（2010-10-19）[2012-08-15].http://garfield.library.upenn.edu/essays/V1p188y1962-73.pdf.

[114] THORNE F C.The citation index: another case of spurious validity[J].Journal of clinical psy-chology, 1977, 23（4）:1157-1161.

后　记

　　本书研究科研关系网络构建方法、可视化技术以及科研关系网络构建系统工具，并在高校科研管理中开展实证应用，力求建立一个通用的科研主体识别、科研关系网络构建、可视化输出的全流程化解决方案。本研究完成的主要工作总结如下。

　　（1）在科研关系网络构建方面。

　　从作者、机构、省市、国家、期刊、基金、时间、关键词、主题、学科角度，构建并编码实现了包括科研合作关系、同现关系、科研主体年代引证关系、科研主体关联以及科研主体和科研热点关联的4大类23种科研关系，初步建立起科研关系研究内容的框架体系。构建了科研主体年代引证关系，丰富对科研管理和科研评价的研究方法；实现了基于关键词和基于引文信息进行的科研关联关系构建方法；设计了科研主体和科研热点的二维关联关系构建方法。

　　（2）在科研关系网络可视化方面。

　　以复杂网络进行可视化结果的表示，实现了Kamada-Kawai、Spring-Embeded、Fruchterman-Reingold网络布局算法，并对算法做了一定的改进；实现了PFNet与关系阈值进行网络图关键信息过滤；结合热力图设计大规模科研关系网络可视化方法，设计了顶层的可视化渲染框架，初步编码实现了四类基本的可视化空间映射关系和基本的可视化人机交互接口。

　　（3）在系统与服务应用方面。

　　设计实现了科研关系网络构建系统，将数据清洗、科研主体识别、科研关系网络构建、可视化输出整合到统一的系统工具中，实现科研关系网络构建与可视化的全流程化解决方案，介绍了该系统的架构，界面设计、功能设计、渲染设计、人机交互接口设计，科研关系的构建引擎、可视化布局引擎、可视化渲染引擎的技术实现。最后，综合运用本书的科研关系网络构建方法进行技术机会分析和科研评价的实证应用研究。

（4）在高校科研管理实证应用。

基于科研关系网络理论、方法、技术和工具，进行高校科研管理的实证应用研究，包括基于科研关系网络的高校科研机会分析、基于科研关系网络的高校科研评价、基于科研关系网络的高校专利成果分析。

虽然做了大量的工作，但本研究中还存在着一些缺点和不足：

（1）研究所需涉及的知识面宽，短时间内研究不易取得大的突破。

本书研究内容需要管理学、情报学、统计学、信息技术等学科多方面的知识和技术，不仅有理论方法研究，还要有技术实现及实证应用，工作量很大。要深入研究这些跨学科的知识和理论，难度很大。研究者虽然十分努力地学习各个领域的知识，但还没有能够把各个领域的知识充分融合在一起，研究还需要更大的突破。在完成本书的工作时，作者深感科研关系网络构建与可视化工作是一项复杂的研究工作，相关领域可深入研究的问题很多。

（2）科研关系网络构建体系问题。

建立一个完整的科研关系网络构建体系，一方面要求对科研关系有深刻的领悟和对未来数字图书馆、科技情报、科研管理、科技评价具有敏锐洞察；一方面要对各种技术、方法、算法进行深入的理解、吸收和创新。在进行理论研究的同时，还要进行系统实现并开展服务应用，工作量很大，任务重，创新要求高。虽然目前已经开展了部分研究工作，但要形成一个完整的科研关系体系，还有大量的工作要做。

（3）系统实现的技术缺陷问题。

科研关系网络构建和可视化的系统设计与实现，需要复杂的计算模型和庞大的编程实现，因此，每次进行关系计算和可视化的内容有限。本书在关系构建和可视化表示上，主要以功能实现为主，对于数据容量和分析处理的效率考虑较少。同时，由于整个任务的编程工作量较大，目前的科研关系网络构建系统中存在诸多的技术缺陷，需要反复试验、修改和完善。